Schöningh
westermann

EinFach Deutsch

W0293478

Hermann Hesse

Der Steppenwolf

... verstehen

Erarbeitet von
Timotheus Schwake

Herausgegeben von
Johannes Diekhans
Michael Völkl

Bildnachweis

|akg-images GmbH, Berlin: Pictures From History 86. |Deutsches Literaturarchiv Marbach, Marbach am Necker: 72, 73. |Domke, Franz-Josef, Hannover: 15. |Martin Hesse Erben, Bottmingen: „Maskenball", Aquarelle von Hermann Hesse 59. |Picture-Alliance GmbH, Frankfurt/M.: akg-images 78; dpa 74. |Schlottmann, Guenther, Paderborn: 65. |SPIEGEL-Verlag Rudolf Augstein GmbH & Co. KG, Hamburg: DER SPIEGEL 51/1959 88. |ullstein bild, Berlin: Granger Collection 91.

Wir arbeiten sehr sorgfältig daran, für alle verwendeten Abbildungen die Rechteinhaberinnen und Rechteinhaber zu ermitteln. Sollte uns dies im Einzelfall nicht vollständig gelungen sein, werden berechtigte Ansprüche selbstverständlich im Rahmen der üblichen Vereinbarungen abgegolten.

westermann GRUPPE

Druck A² / Jahr 2019
Alle Drucke der Serie A sind im Unterricht parallel verwendbar.

Umschlaggestaltung: Nora Krull, Bielefeld
Umschlagbild: Manfred Pietsch: Drei Masken, 2007 © VG Bild-Kunst, Bonn 2010
Druck und Bindung: Westermann Druck GmbH, Braunschweig

ISBN 978-3-14-**022492**-5

Inhaltsverzeichnis

An die Leserin und den Leser

Liebe Leserin, lieber Leser,

Hermann Hesses Roman „Der Steppenwolf"[1] erzählt die Geschichte eines Außenseiters, der mit sich selbst und seiner Umwelt nicht zurechtkommt und deshalb erwägt, seinem Leben ein Ende zu setzen. Der Roman erschien im Jahr 1927 und begründet bis heute den Ruf des Autors, der 1946 den Literaturnobelpreis zuerkannt bekam.
Diese hohe Auszeichnung ist schon allein deshalb von Bedeutung, da sie so kurz nach der Katastrophe des Zweiten Weltkrieges (1939–1945) einem deutschen Autor zuteilwurde. Die Preisverleihung an einen deutschen Dichter hat sicher auch damit zu tun, dass sich Hesse zeit seines Lebens gegen Nazi-Deutschland ausgesprochen und einen durchaus radikal zu nennenden Pazifismus vertreten hat. Nun ist die Verleihung des weltweit höchsten literarischen Preises sicher ein Indiz dafür, dass Hesse ein talentierter Dichter war, sie sollte jedoch kein ausreichendes Kriterium für die Lektüre seiner Romane sein, zumal die Qualität seiner Texte häufig umstritten war und zum Teil bis heute noch ist. So schrieb Anfang der 60er-Jahre der Herausgeber der bedeutenden Wochenzeitung „DIE ZEIT", Theo Sommer, zu Hesses Tod, dass mit dem „Gartenzwerg" Hesse „kein Blumentopf" mehr zu gewinnen sei. Der Dichter verlor an Einfluss und galt einige Jahre als vergessen. Autoren wie Heinrich Böll, Friedrich Dürrenmatt oder Max Frisch dominierten die literarische Szene. Doch schon wenige Jahre später entwickelte sich ein regelrechter Run auf die Bücher Hesses, der vor allem in den Vereinigten Staaten von Amerika schon beinahe hysterische Züge annahm und – wenn auch auf niedrigerem Niveau – bis heute anhält. Von Hesses Werken

[1] Sämtliche Stellenangaben beziehen sich auf die im Literaturverzeichnis aufgeführte Textausgabe des Suhrkamp Verlages.

wurden weltweit über 100 Millionen Exemplare verkauft. Wie ist dieser kaum glaubliche – im Übrigen auch kommerzielle – Erfolg zu erklären, gerade wenn sich eine Mehrheit aufseiten der professionellen Literaturkritik über die Mittelmäßigkeit der Epik Hesses einig ist?
Die Antwort auf diese Frage lässt sich nur mit Blick auf die Thematik der Romane Hesses, im Besonderen des „Steppenwolfs", erklären. Hesses Romane richten sich an den einzelnen Menschen, an das einmalige und einzigartige Individuum. Jede Leserin, jeder Leser kann sich in den Figuren seiner Texte wiederfinden und sich mit ihnen identifizieren. Der Dichter benötigt dafür ein Thema, das alle betrifft: Dieses findet Hesse in der Krise des modernen Menschen. Vor gut hundert Jahren lebten die Menschen in einer Umbruchphase. Der Epochenumbruch 1900 war für die Menschen der damaligen Zeit mehr als nur eine Zahl. Gesellschaftliche, ökonomische, politische und soziale Veränderungen machten den Menschen bewusst, in einer immer komplizierter werdenden Welt zu leben. Viele Lebensbereiche wurden als schnelllebiger und anonymer empfunden; die meisten hatten das Gefühl, die Zügel des Lebens nicht in den eigenen Händen zu halten. Vielmehr verstärkte sich bei vielen Menschen der Eindruck, dass das Leben in der Epoche der Moderne zunehmend unmenschlichere Züge annahm und weniger lebenswert erschien als in vormodernen Zusammenhängen, in denen die Folgen eines kapitalistischen Wirtschaftssystems noch nicht derart ausgeprägt waren, dass Arbeitslosigkeit, Armut und Abhängigkeit drohten. Dieses pessimistische Lebensgefühl wurde von den Autoren des Expressionismus künstlerisch zum Ausdruck gebracht, zum Beispiel wenn es darum ging, die Situation des einzelnen Menschen in den Zwängen der modernen, lauten und schmutzigen Großstadt zu schildern. Gerade im Vergleich zu dem einfachen Leben „auf der Scholle" – auf dem Land –, wo sich ein Großteil der

Menschen noch selbst versorgte und in überschaubaren Einheiten lebte, stellte sich bei den Menschen des 20. Jahrhunderts ein Gefühl des Ausgeliefertseins, der Isolation und Einsamkeit ein. In dieser hochkomplexen, hektischen, technisch durchorganisierten Gesellschaft machten viele Menschen die Erfahrung, dass ein glückliches, authentisches und ruhiges Leben kaum noch realisierbar schien, dass ihr Leben fremdbestimmt war.

In dieses Lebensgefühl hinein stoßen die Romane Hermann Hesses. Harry Haller, der Held des Romans „Der Steppenwolf", ist genau ein solcher Mensch, der die Welt als unmenschlich empfindet und daher gezwungenermaßen zum Außenseiter wird. Weil er in einer normierten, verlogenen, am schnellen Profit orientierten und kriegslüsternen Gesellschaft sein Glück nicht finden kann, zieht er sich in die eigene Innerlichkeit zurück, ein Zug, den Hesse mit den deutschen Romantikern gemeinsam hat. Aus der Warte des zurückgezogen lebenden Künstlers analysiert er schonungslos die Gesellschaft, aber auch sich selbst, da er die Hoffnung hat, sein persönliches Glück möglicherweise doch noch zu finden. Als Dichter der Krise spricht Hesse das aus, was Millionen von Menschen ähnlich empfinden. Die Orientierungslosigkeit des modernen Menschen, der seine Interessen und Wünsche in dieser kulturlosen Gesellschaft nicht verwirklichen kann, wird zum großen Thema seiner Romanfiguren. Diese sind – wie die Leserinnen und Leser – immer auf der Suche nach einer befriedigenden Lebensform, kurz: nach persönlichem Glück. Es ist wahrscheinlich diese Parteinahme des Dichters für den Glücksanspruch des einzelnen Menschen, die seine Werke für so viele Menschen interessant macht.

Ein Grund für den ungeheuren Erfolg der Prosa Hesses liegt sicher auch darin begründet, dass sich gerade junge Leser mit seinen Texten identifizieren konnten und können. Hesses Romane werden insbesondere von jungen Erwachsenen gelesen. Diese jungen Menschen befinden sich in einer besonderen Phase ihrer Identitätsentwicklung. Diese Phase der Adoleszenz, das Ende der Pubertät, markiert den Wendepunkt von der Altersphase des Kindes und Jugendlichen hin zur Phase des Erwachsenseins. Unabdingbare Voraussetzung in diesem entwicklungspsychologisch wichtigen Stadium ist eine Abgrenzung von der näheren sozialen Umwelt, also insbesondere vom Elternhaus, aber auch von traditionell gültigen gesellschaftlichen Institutionen wie der Schule.

Nahezu allen Pubertierenden gemeinsam ist ein diffuses Gefühl des Nichtverstandenwerdens, der Intoleranz gegenüber jungen Menschen und der Eindruck, die persönlichen Vorstellungen von einem autonomen Leben in dieser Gesellschaft nicht verwirklichen zu können. Diese Erfahrungen junger Heranwachsender finden ihre Entsprechungen in zahlreichen Themen und Motiven Hesses. Vor allem der Roman „Der Steppenwolf" bietet hier ein großes Identifikationspotenzial. Auch wenn Hesses Romanheld Harry Haller als fast fünfzigjähriger Intellektueller einer anderen Altersgruppe angehört, so sind doch seine Leiden denen junger Heranwachsender nicht unähnlich: Wie diese ist er (immer noch) auf der Suche, er hat angesichts der gesellschaftlich defizitären Lage sein Außenseiterdasein selbst gewählt und hofft auf Erlösung von seinem Dasein eines innerlich Zerrissenen. Wie Pubertierende beschäftigt er sich vor allem mit sich selbst. Dem „Steppenwolf" hat dies den Vorwurf des Narzissmus eingebracht. Damit ist gemeint, dass Harry Hallers Reise ins eigene Ich von übertriebener Selbstliebe und Egozentrik geprägt ist. Unabhängig von der Frage, ob dieser Vorwurf gerechtfertigt ist oder nicht, kommt der Hang Hallers zur Beschäftigung mit sich selbst, diese Thematik, den Lektüregewohnheiten und Wünschen junger Leser sicher entgegen. Während der Lektüre des Romans lernen sie, dass es anderen auch so

geht wie ihnen selbst. Lesen wird so zu einer Art Selbsttherapie.
Die literarische Fiktion erleichtert es jungen Menschen, eigene Lebensentwürfe zu entwerfen, mit den Versuchen Hallers zu vergleichen und spielerisch zu bearbeiten. Unabhängig von der Berechtigung der Kritik am Narzissmus des Helden, am zum Teil fragwürdig-elitären Menschenbild des Autors und seinem in Ansätzen faschistoiden Politikverständnis – Harry Haller lehnt die Demokratie als mittelmäßige Staatsform ab – ist eine Beschäftigung mit Hesses Erfolgsroman „Der Steppenwolf" lohnenswert. In Zeiten, in denen ein Großteil der Freizeit mit Spielkonsolen, im Internet und vor dem Fernseher verbracht wird, kann die Lektüre des den Leser fordernden Romans neue Akzente setzen und dabei möglicherweise mehr Fragen aufwerfen als Antworten geben.

Viel Spaß und Gewinn bei der Lektüre wünscht

Timotheus Schwake

Der Inhalt im Überblick

Hesses Roman thematisiert die Lebensprobleme eines gesellschaftlichen Außenseiters. Harry Haller – die Hauptfigur des Romans – ist ein intellektueller Künstler und Autor, der eines Tages in einer Kleinstadt auftaucht und auf den Neffen seiner Vermieterin nachhaltigen Eindruck macht. Dieser findet die Tagebuchaufzeichnungen Hallers und fungiert als deren Herausgeber. Den Aufzeichnungen Hallers stellt er eigene Eindrücke, in einem Vorwort, voran, in denen er die Grundproblematik des „Steppenwolfs" – so bezeichnet er den inzwischen abgereisten Denker – beschreibt. Haller wird als ein innerlich zerrissener Mensch dargestellt, den eine Sehnsucht nach Ganzheitlichkeit und Glück quält. Dabei hat er die Erfahrung gemacht, dass ihm der Anspruch auf persönliches Glück in dieser Gesellschaft verwehrt bleibt. Schuld daran sei – so die Analyse des Steppenwolfs – die Verlogenheit des Bürgertums. Dieses unterzieht er einer starken Kritik. Statt alle Züge und Qualitäten des Lebens zu genießen, begnüge sich das Bürgertum mit Mittelmäßigkeit. Haller aber möchte ein Leben, in dem Werte wie Sauberkeit, Ordnung, Maß und Disziplin hochgehalten werden, nicht leben. Zwar garantiere dieses Leben ein beruhigendes Maß an Sicherheit, doch ist für ihn der Preis für das bürgerliche Dasein zu hoch, da ebenfalls zum Leben gehörende Dinge wie Tanz, Sexualität oder Rausch gemieden werden. Aus diesem Grund isoliert sich Haller vom Bürgertum. Auch wenn er die Einladung vom Professor annimmt und als ein anerkannter Journalist gilt, sucht er die Einsamkeit des Dichters und Denkers. Zwar fühlt er eine Sehnsucht nach der Einfachheit des Bürgertums, doch besteht für ihn kein Zweifel daran, dass er innerhalb dieser Gesellschaft nicht glücklich werden kann. Doch auch im gesellschaftlichen Abseits findet der Steppenwolf nicht zu sich selbst.

In dieser Situation wird ihm ein Traktat in die Hände gespielt. In dieser theoretischen Abhandlung findet er sein Problem dargestellt und analysiert. Der Verfasser des Traktats übt Kritik an der Gesellschaft seiner Zeit. Die Kultur und Zivilisation sind für ihn im Zerfall begriffen, die Schnelllebigkeit der Zeit überfordert den orientierungslosen Menschen. Das Traktat verallgemeinert Hallers Lebensproblem und macht deutlich, dass die Leidensgeschichte Hallers kein Einzelfall ist und als Folge der Krise seiner Zeit aufgefasst werden kann. Dabei wird der den Roman bisher strukturierende Dualismus von Mensch und Wolf beschrieben, von Geist und Kultur auf der einen sowie dem Triebhaften, Wilden und Chaotischen auf der anderen Seite. Der geschilderte Konflikt sei nur durch die Einsicht zu lösen, dass es die von Haller angestrebte „eine Seele" nicht gebe. Vielmehr bestehe der Mensch aus Tausenden Wesen, deren Vielfältigkeit es zu akzeptieren gelte.

Den größten Teil des Romans nehmen die Aufzeichnungen Hallers ein. Der auch nach der Lektüre des Traktats noch verzweifelte Intellektuelle trifft eines Nachts auf eine geheimnisvolle junge Kurtisane namens Hermine. Diese erweist sich in den Gesprächen mit Haller als verständnisvolle Gleichgesinnte sowie als Kritikerin. Sie teilt seine Kritik an der Oberflächlichkeit der bürgerlichen Gesellschaft, nicht aber seine resignierende Reaktion.

Hermine stellt Harry zwei Freunde vor: Pablo und Maria. Der Jazzmusiker Pablo bringt Harry mit dem reinen Genuss von Musik in Berührung. Unterhaltsame Vergnügungen wie auch den Konsum von Drogen hält er für ebenso wertvoll wie die Lektüre eines anspruchsvollen Buches. Die Prostituierte Maria wird die Geliebte Harrys und schenkt diesem beglückende sexuelle Erfahrungen. Am Ende des Romans – auf dem Maskenball und im Magischen Theater – durchläuft Haller einen letzten, sein Bewusstsein reinigenden inneren Prozess. In mehreren Visionen durchlebt er

eine Welt, wie sie sein sollte. Gleichwohl zerstört er in einem Wutanfall einen Repräsentanten dieser Welt: Er tötet in der letzten Vision Hermine.
Das Ende des Romans scheint eher offen. Der „Unsterbliche" Pablo wird Haller auf seinem Weg in ein neues, glücklicheres Leben begleiten. Haller scheint seine Lektion gelernt zu haben: Auf die Krisenhaftigkeit des menschlichen Lebens sollte man nicht zerstörerisch reagieren, sondern mit Humor und Gelassenheit seine eigene Begrenztheit akzeptieren sowie die Schönheiten des Lebens in ihrer Vielfältigkeit genießen.

Die Personenkonstellation

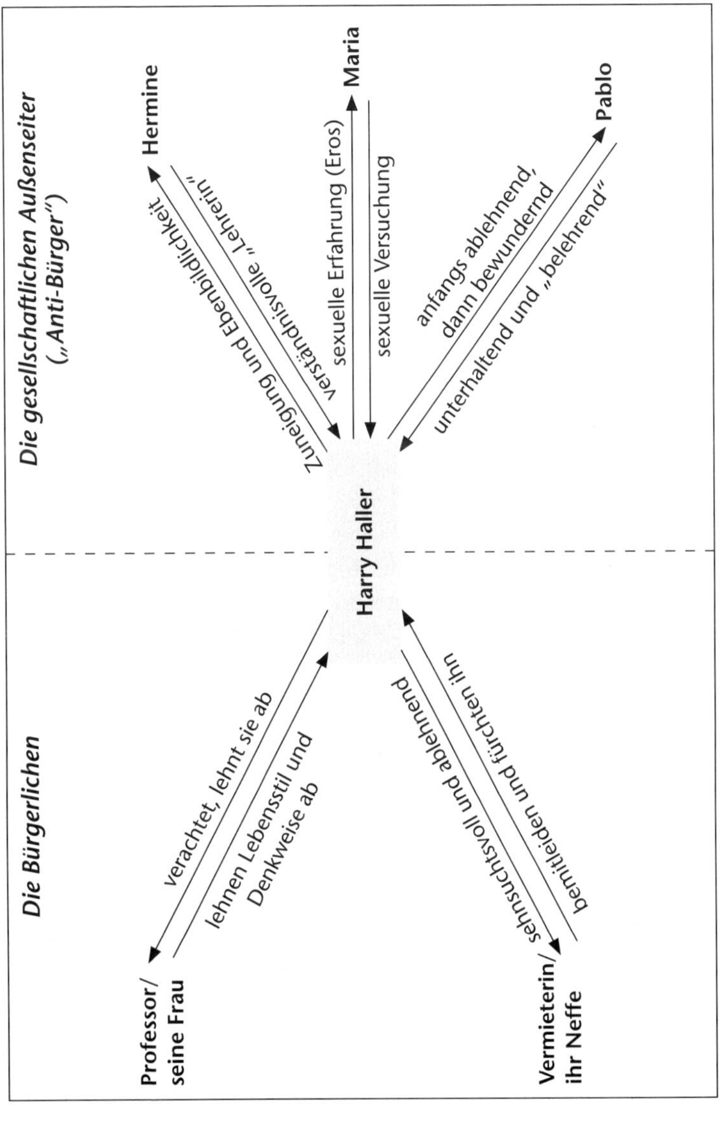

Inhalt, Aufbau und erste Deutungsansätze

formal strenger Aufbau:

Hesses Roman „Der Steppenwolf" ist formal außergewöhnlich aufgebaut. Der Dichter selbst sprach von einer strengen Komposition in Analogie zu einer Fuge, einem strukturiert aufgebauten Musikstück. Die Geschichte des fast fünfzigjährigen Außenseiters Harry Haller gliedert sich in vier verschiedene Teile: Sie beginnt mit dem Vorwort des Herausgebers. Hier schildert der Neffe der Vermieterin Hallers die Eindrücke, die Haller bei ihm hinterlassen hat. An dieses kurz gefasste Vorwort schließt sich der erste Teil der Aufzeichnungen Hallers an, die er in der von ihm angemieteten Wohnung zurückgelassen hat. Doch bereits nach kurzer Zeit werden die Schilderungen Hallers unterbrochen. Gegen Ende des ersten Teils der Aufzeichnungen wird Haller ein Traktat überreicht, in welchem er seinen eigenen Konflikt zwischen Bürgertum und Steppenwolfexistenz theoretisch aufbereitet wiederfindet. Den größten der vier Teile macht der zweite Teil der Aufzeichnungen Hallers aus, an dessen Ende der Höhepunkt des Romans steht: der Maskenball und das Magische Theater.

Vorwort des Herausgebers

Aufzeichnungen Hallers (Teil I)

Traktat

Aufzeichnungen Hallers (Teil II)

In der Sekundärliteratur zum „Steppenwolf" finden sich Überlegungen, nach denen der Roman nur in drei Teile gegliedert werden sollte. Bei dieser Deutungshypothese werden die beiden Teile der Aufzeichnungen Hallers als ein großer erzählerisch zusammengehörender Block gedeutet. Dieser Sicht wird hier nicht gefolgt. Es spricht einiges dafür, von insgesamt vier Teilen des Romans zu sprechen. So macht es durchaus Sinn, die Aufzeichnungen Hallers aufzuteilen, da der erste, kleinere Teil nach dem Vorwort des Herausgebers noch überwiegend pessimistisch und unbeeinflusst verfasst ist. Der zweite, längere Teil der Aufzeichnungen des Protagonisten hingegen ist optimistischer und experimenteller verfasst. Dies ist auf das vorangehende Traktat zurückzuführen, das eine Art Ratgeber für das Leben von innerlich zerrissenen Menschen – sogenannten Steppenwölfen – darstellt.

Formaler Aufbau des Romans

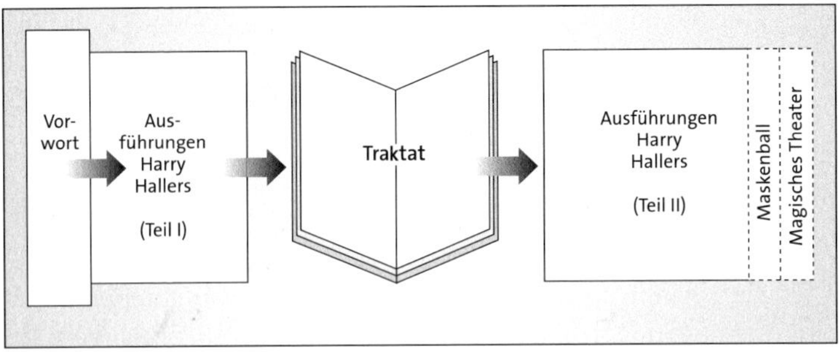

Das Vorwort des Herausgebers (S. 7 – 32)

Das Vorwort des Herausgebers macht den kürzesten Teil des Romans aus. Diese Feststellung impliziert jedoch nicht, dass es auch der unwichtigste Teil des Romans ist. Im Gegenteil, Hesse bedient sich durch sein Vorwort vor Beginn der eigentlichen Romanhandlung eines Kunstgriffes, den schon Goethe kannte und zur Leserlenkung und Steigerung der Identifikation mit seinen Romanhelden nutzte. So schreibt er zu Beginn seines Briefromans „Die Leiden des jungen Werthers": „Was ich von der Geschichte des armen Werthers nur habe auffinden können, habe ich mit Fleiß gesammelt und leg es euch hier vor, und weiß, dass ihr mir's danken werdet. Ihr könnt seinem Geist und seinem Charakter eure Bewunderung und Liebe und seinem Schicksale eure Tränen nicht versagen." (vgl. J.W. Goethe: Die Leiden des jungen Werthers. Hrsg. v. J. Diekhans. Bearbeitet von H. u. R. Madsen. Schöningh: Paderborn 2001, S. 7) Goethe verleiht dem darauf folgenden fiktiven Roman-

Leserlenkung und Steigerung der Identifikation

literarisches Vorbild: Goethe

geschehen auf diese Weise ein höheres Maß an Authentizität. Der Leser soll noch vor der eigentlichen Lektüre dazu gebracht werden, die geschilderten Leiden des Protagonisten nachzuvollziehen, zu verstehen. Vor allem aber dient dieser Kunstgriff dazu, den Wahrheitsgehalt des Geschriebenen zu untermauern.

Indem Hesse der eigentlichen Romanhandlung, die mit dem ersten Teil der Aufzeichnungen Hallers beginnt, das Vorwort des Herausgebers voranstellt, bedient er sich des gleichen Kunstgriffs. So heißt es zu Beginn des „Steppenwolfs": „Dieses Buch enthält die uns gebliebenen Aufzeichnungen jenes Mannes, welchen wir mit einem Ausdruck, den er selbst mehrmals gebrauchte, den ‚Steppenwolf' nannten. Ob sein Manuskript eines einführenden Vorwortes bedürfe, sei dahingestellt; mir jedenfalls ist es ein Bedürfnis, den Blättern des Steppenwolfes einige beizufügen, auf denen ich versuche, meine Erinnerung an ihn aufzuzeichnen. [...] Doch habe ich von seiner Persönlichkeit einen starken und, wie ich trotz allem sagen muß, sympathischen Eindruck behalten." (S. 7)

scheinbar objektive Darstellung als Ausgleich zu den subjektiven Schilderungen Hallers

Dieser Kunstgriff dient dazu, den rein subjektiven Schilderungen Hallers eine scheinbar objektive Darstellung als Ausgleich gegenüberzustellen und auf diese Weise der Gefahr entgegenzutreten, die zum Teil außergewöhnlich anmutenden Ausführungen Harry Hallers für seltsame Ergüsse einer verwirrten Einzelseele zu halten. Die Tatsache, dass dieser Roman bis in die Gegenwart hinein viele Leser zutiefst und persönlich berührt, hat – neben der inhaltlichen Botschaft – sicher auch etwas mit dieser formalen Besonderheit im Aufbau zu tun.

zentrales Motiv: Steppenwolf als ...

Von dieser formalen Besonderheit abgesehen geht es im Vorwort im Wesentlichen um die Einführung des für die weitere Romanhandlung zentralen Motivs, das des Steppenwolfs. Der dem Roman seinen Namen gebende Held wird aus der Perspektive des Herausgebers vorgestellt. Durch

diese Art der Präsentation erfolgt auch eine Lenkung des Lesers, der sich den Ausführungen des Herausgebers wahrscheinlich anschließen wird.
Der Name „Steppenwolf" ist ein ungewöhnliches Kompositum (Zusammensetzung) aus den Wörtern „**Steppe**" und „**Wolf**". Mit „Steppe" assoziiert man gewöhnlich eine öde Landschaft, in der sich wenig Menschen aufhalten und es kaum Zivilisation gibt. Der „Wolf" hat bis heute ein negatives Image, seit Generationen wird er als Gefahr für den Menschen, als blutrünstig und gefährlich, ungehemmt und unkontrollierbar beschrieben. Zusammengesetzt, also als Kompositum, stellt man sich unter einem Menschen, der als „Steppenwolf" bezeichnet wird, ein „**sehr scheues Wesen aus einer anderen Welt**" (S. 8) vor, das in „tiefer Vereinsamung" (ebd.), ohne großes gesellschaftlich-soziales Leben vor sich hinlebt und durch tierische Attribute beschrieben werden kann, also eher ungehemmt und unkontrollierbar erscheint.

... „scheues Wesen aus einer anderen Welt"

In diesem Sinne beginnen dann auch die ersten Schilderungen des Herausgebers. Der neue Untermieter seiner Tante macht auf ihn einen „sonderbaren und sehr zwiespältigen Eindruck" (S. 8), übt aber von Beginn an eine starke Anziehung auf ihn aus. Das Aussehen des seltsamen Einzelgängers Harry Haller wird kurz beschrieben: Der nicht sehr große Mann trägt einen Wintermantel, ist „anständig, aber unsorgfältig gekleidet, glatt rasiert und mit ganz kurzem Kopfhaar". Hallers Gang hat etwas „Mühsames und Unentschlossenes". (S. 9) Der zentrale Eindruck, den Haller auf den Herausgeber macht, ist der der Fremdheit. Offensichtlich scheint der neue Mieter in einer für ihn ungewohnten Atmosphäre angekommen zu sein. Das gutbürgerliche Ambiente des gepflegten Hauses quittiert Haller mit einem spöttischen Lächeln, gleichzeitig scheint er sich in dieser Atmosphäre auch wohlzufühlen, schließlich betont er den guten Geruch des Hauses. Dies wird von Hallers

Vermieterin als Indiz für seine Sehnsucht nach „Sauberkeit und Ordnung", nach einem „freundlichen und anständigen Leben" (S. 12) gedeutet. Dennoch macht die Art und Weise, wie der Steppenwolf sein Zimmer anmietet, auf den Herausgeber keinen guten Eindruck. Auf der anderen Seite fühlt er sich zu dem traurigen Gesicht hingezogen. Hallers Physiognomie wird als wach, sehr gedankenvoll und vergeistigt beschrieben. Damit wird schon jetzt deutlich, dass Haller ein Intellektueller ist, der die meiste Zeit seines Tages damit verbringt, in anspruchsvollen Büchern zu lesen. Auch wenn der Leser und der Herausgeber zu diesem Zeitpunkt von der Identitätsproblematik Hallers noch nichts wissen können, erscheint Haller diesen als Hilfe suchend und problembehaftet. Dieser Schrei nach Hilfe ist wahrscheinlich für die Sympathielenkung des Lesers bzw. des Herausgebers verantwortlich.

Identitätskrise Hallers: Schrei nach Hilfe

Gesellschaftskritik und -analyse (S. 13)

Eines Tages begleitet der Herausgeber Haller auf einen Vortrag eines berühmten kulturkritischen Geschichtsphilosophen. Doch der Redner enttäuscht, Haller durchschaut das eitle, inhaltlich leere „Getue" des Philosophen. Im Blick seines Untermieters erkennt der Herausgeber, dass dieser sichtbar leidet. Der Blick des Steppenwolfs durchdringt das „ganze betriebsame Getue, die ganze Streberei" und Eitelkeit seiner Zeit, das bloß „oberflächliche Spiel" (S. 15) einer eingebildeten Elite. Es gefällt dem Herausgeber offensichtlich, dass Haller den schlechten Zustand seiner Zeit nicht nur aufgrund seiner Fähigkeit zur Gesellschaftskritik und -analyse durchschaut, sondern auch darunter leidet. Er wertet diese Erkenntnis als Beweis für Hallers Sensibilität und Leidensfähigkeit. Andererseits hält der Herausgeber Haller für krank, weil in seiner Wahrnehmung Haller der Abstand zu den Dingen fehlen würde. So empfindet er Mitleid mit dem kranken, innerlich zerrissenen Intellektuellen, da er

Herausgeber empfindet Mitleid mit Haller

dessen Vereinsamung und „inneres Sterben" (S. 16) mit ansehen muss, ihm aber als Bürger nicht helfen kann.

Der Herausgeber sieht neben der bereits erwähnten Sensibilität und intellektuellen Brillanz Hallers einen weiteren Grund für dessen Unglück in der Biografie des Steppenwolfs. Wenngleich seine Überlegungen auf bloßen Vermutungen fußen, ist er sich sicher, dass Haller von zwar liebevollen, vor allem aber strengen und äußerst frommen Eltern und Lehrern erzogen wurde. Diese Strenge habe – so seine Theorie – einen schweren Schaden in der jungen Seele des Steppenwolfs angerichtet, da die Grundlage seiner Erziehung das „Brechen des Willens" (S. 17) gewesen sei. Da Haller aber von seiner Persönlichkeitsstruktur her viel zu hart und stark, zu stolz und geistig gewesen sei, sei die Vernichtung der Persönlichkeit fehlgeschlagen. Stattdessen habe diese frühkindliche Erziehung leider dazu geführt, dass Haller einen furchtbaren **Selbsthass** entwickelt habe, der bis heute zu spüren sei. Auch dieser frühe Einfluss trage seinen Teil dazu bei, dass der Gelehrte heute eine aus bürgerlicher Sicht fragwürdige Lebensführung an den Tag lege: Als reiner Gedanken- und Büchermensch lebt der Steppenwolf ziellos in den Tag und übt keinen praktischen Beruf aus. Gerade dies stößt dem typischen Bürger übel auf, ist es doch Grundlage des Bürgertums, durch systematische Ordnung für Regelmäßigkeit im Leben zu sorgen. Es ist gerade Hallers Launenhaftigkeit und sein unsteter, niemals gleicher Lebenswandel, den der Herausgeber kritisiert: „An manchen Tagen ging er überhaupt nicht aus und nahm außer dem Morgenkaffee gar nichts zu sich, zuweilen fand die Tante als einzigen Rest seiner Mahlzeit eine Bananenschale liegen, aber an andern Tagen speiste er in Restaurants […]." (S. 20)

Der Gegensatz, der sich in der Beschreibung Hallers durch den Herausgeber zeigt, ist ein bekanntes Motiv in der Literatur. Dieselbe Grundstruktur zeigt sich bereits im Künstlerroman der Romantik, vor allem in der darin zum

intellektuelle Brillanz, …

… aber auch Selbsthass

unsteter Lebenswandel

Künstlerroman der Romantik als literarisches Vorbild

Ausdruck kommenden Kunstauffassung ab Ende des 19. Jahrhunderts. Der Künstler, angefangen bei Eichendorffs „Taugenichts" bis hin zu Thomas Manns „Tonio Kröger", wird als ein innerlich zerrissener Mensch charakterisiert, der am Zustand der Welt leidet und in ihr nicht heimisch werden kann. Damit wird vor allem die geistige Verfassung des (deutschen) Bürgertums kritisiert, dem konservativ-reaktionäres Denken und Handeln zum Vorwurf gemacht wird. Kunst und Gesellschaft werden zunehmend als gegensätzlich begriffen, weil die Gesellschaft dem Ausleben extremer Persönlichkeit entgegenwirkt. Als einzigartiger Mensch wird der Künstler vom Verhalten seiner Mitmenschen zunehmend verunsichert. Er sucht qualvoll seine Identität und eine ihn ausfüllende Rolle. Verunsichert durch die gesellschaftliche Umbruchsituation, in der er sich befindet (Politik: Monarchie oder Demokratie; Ökonomie: Industrialisierung und Kapitalismus), wird er immer mehr zum Außenseiter der Gesellschaft. Da er für alle „sichtbar" bleibt, sich nicht „versteckt", wird er von der durch den zunehmenden Wohlstand zufriedengestellten breiten Schicht des Bürgertums als Bedrohung und Zumutung empfunden, weil er mit seiner Anwesenheit den Finger in eine vergessen geglaubte Wunde legt: Der Künstler macht darauf aufmerksam, dass echtes, authentisch erfahrenes Glück sich keinesfalls durch bloßen Konsum oder oberflächliches Vergnügen, durch liebgewonnene Pflichten und Gewohnheiten einstellt. Vor allem die Gefühlsarmut und -kälte des von protestantischer Arbeitsethik geprägten Bürgertums ist den Künstlern ein Dorn im Auge und Gegenstand ihrer Kritik.

Gegensätzlichkeit von Kunst und Gesellschaft

gesellschaftliche und ökonomische Umbruchsituation

Künstlertum	Bürgertum
• Einsamkeit und Isolation	• Geselligkeit und Integration
• Kritik an der Gesellschaft	• Einvernehmen mit der Gesellschaft
• Unordnung und Regellosigkeit	• Ordnung und Regeln
• Anarchie (Chaos)	• Gesetze
• Genie und Wahnsinn	• Normalität und Gesundheit
• unsteter Lebenswandel, Kunst	• Arbeit und Fleiß
• Reflexion und Denken	• Handeln
• Freiheit	• Bequemlichkeit
• unruhiges Reisen, Heimatlosigkeit	• Sesshaftigkeit (ein Haus besitzen)
• Identitätskrise/innere Zerrissenheit (menschliche Verödung und Unglück)	• Zufriedenheit mit dem Leben, einfaches Glück

Araukarie-Episode als Schlüsselszene (S. 21)

innere Zerrissenheit des Helden

Die innere Zerrissenheit des Steppenwolfs wird in der wichtigsten Episode des Vorworts deutlich. Der Herausgeber findet eines Tages Harry Haller im Treppenhaus sitzend vor, offensichtlich in eine Art Traumzustand versetzt. Vom Herausgeber aus seinen Träumereien gerissen, äußert Haller seine Bewunderung für zwei auf dem Vorplatz seiner Wohnung stehende Zimmerpflanzen, eine Azalee und eine Araukarie, die beide „sauber und tadellos" (S. 21) von der Herrin des Hauses gepflegt werden. Die auf den ersten Blick unscheinbare Handlung wird zur Schlüsselszene, weil in ihr der Gegensatz von Bürger- und Künstlertum sowie Harry Hallers Sehnsucht nach einem Zustand der Einfachheit und Geborgenheit deutlich werden. In der Araukarie-Episode äußert Haller seine Bewunderung für die „Ordnung und höchste Sauberkeit" (S. 22), die der Vorplatz mit der Araukarie so „strahlend rein, so abgestaubt und gewichst und abgewaschen, so unantastbar sauber" (S. 22) ausstrahle. Er

Sehnsucht nach bürgerlicher Ordnung und Sauberkeit

erinnert sich an seine Jugend, in der er unter ähnlichen Umständen „Sauberkeit, Reinheit und Ordentlichkeit" (S. 22) erfahren durfte. Offensichtlich sind ihm die Vorteile des bürgerlichen Lebens bewusst. Andererseits weiß er auch, dass er selbst nie wieder so leben kann. Das Bürgertum könne nur glücklich sein, weil es handle. Wer pausenlos putze und werkle, dem fehle die Zeit zum Nachdenken.

Einsicht in eigene Einsamkeit und Isolation

Das Nachdenken führt aber nicht zu Heimatgefühlen und Geborgenheit, sondern zum Leiden und zur Unfähigkeit zu leben, da Denken ein einsamer Akt des Menschen ist und in seiner Extremform in Isolation mündet.

Die einleitenden Ausführungen des Herausgebers enden mit den heimlichen Beobachtungen, die er macht, als er Haller ohne dessen Wissen verfolgt. Er bemerkt, dass der Steppenwolf eine erotische Beziehung zu einer ihm unbekannten Frau pflegt. Doch auch in dieser Liebschaft findet er keine Ruhe. Mit schwerem Schritt kehrt der Steppenwolf nachts in seine Wohnung zurück und wirkt dabei wie ein Wolf im Käfig. Der Zustand seines Gastes besorgt den Herausgeber so sehr, dass er befürchtet, dieser könnte sich das Leben nehmen. Doch urplötzlich verschwindet der Steppenwolf aus der Stadt. Einzig ein Manuskript, das er während seines Aufenthaltes in der Stadt geschrieben hat, lässt er zurück. Obwohl dem Herausgeber bewusst ist, dass Hallers Text seine eigene Lebensform infrage stellt, kann er sein Interesse an dem Text und seine Sympathie für die Ideen des Steppenwolfs nicht unterdrücken. Dies hängt damit zusammen, dass er Haller als einen authentischen und in seinem Leiden ehrlichen Menschen erlebt hat, der es verdient, dass man ihm zuhört. Zugleich belässt es der Herausgeber nicht bei der Diagnose einer individuellen Krankheit eines verirrten Einzelgängers. Für ihn ist die Seelenkrankheit Hallers verallgemeinerbar: Im Leiden des Steppenwolfs werde die „Krankheit der Zeit", die **„Neurose jener Generation"** (S. 30) deutlich.

Hallers Leben ist exemplarisch: „Krankheit der Zeit"

Die Aufzeichnungen Harry Hallers (Teil I: S. 33 – 53)

Der erste Teil der Aufzeichnungen Harry Hallers ist der deutlich kürzere. Er trägt die Überschrift „Nur für Verrückte". Dieser Teil hat die Funktion, einen tieferen Einblick in die Persönlichkeit des Romanhelden zu gewinnen. Der einzige Unterschied zum Romananfang ist dabei, dass diese Aufzeichnungen aus der Sicht des Helden erzählt werden und damit als äußerst subjektiv eingeschätzt werden können. Weil dieser Eindruck auch beim Leser entstehen könnte, hat Hesse dafür gesorgt, dass die Romanhandlung aus unterschiedlichen Perspektiven geschildert wird.

Einblick in die Persönlichkeit des Helden aus subjektiver Sicht

Haller erzählt von einem scheinbar ganz normalen Tag in seinem Leben. Viel passiert nicht an diesem Tag. Außer zu schreiben, alte Bücher zu wälzen und gegen einige Schmerzen anzukämpfen besteht Hallers Leben aus Nachdenken und „Gedankenübungen". (S. 33) Spannung, besondere Ereignisse oder Ähnliches fehlen in seinem Leben. Auch wenn dieser Tag „ohne besondere Sorgen" und „ohne eigentlichen Kummer" (ebd.) vorbeigeht, so gibt es aus der Perspektive Hallers auch die „bösen" (ebd.) Tage, an denen ihm sein Leben nahezu unerträglich erscheint und zur Qual wird. An diesen Tagen werden die innere Leere und Verzweiflung Hallers deutlich. Die Ursache für sein Leiden wird dabei genau benannt: Es ist die Kultur seiner Zeit, die ihn mit ihrem „blechernen Jahrmarktsglanz" wie „ein Brechmittel entgegengrinst" (S. 34). Haller ist so sensibel, dass er am schlechten Zustand seiner Zeit derart leidet, dass er ein „kranke[s] Ich" (ebd.) ausbildet. Der verrottete Zustand der Welt, ihre Kulturlosigkeit, macht Haller krank. Kultur, Politik und Wirtschaft seien – so die Deutung Hallers – in einem desaströsen Zustand, der beim Betrachter nur Depressionen und Kopfschütteln auslösen könne. Dabei bleibt die Kritik des Helden ungenau. Der desaströse Zustand der Welt wird

Ablauf eines „normalen Tages"

Mangel an Spannung im Leben

innere Leere und Verzweiflung

Ursache der Krankheit Hallers: verrotteter Zustand und Kulturlosigkeit der Welt nur behauptet, nicht aber belegt, z. B. mit anschaulichen Beispielen. Offensichtlich ist es Haller jedoch möglich, andere Gedanken zu entwickeln, denn wenn er täglich über die „von Aktiengesellschaften ausgesogen[e] Erde“ (S. 34) reflektieren würde, dürfte sein Leben in den Selbstmord führen. Aus diesem Grund gelingt ihm die Verdrängung, ein Leben ohne Schmerz und permanente Unzufriedenheit stellt sich ein. Doch schnell wird dem Steppenwolf klar, dass diese Art von seichter Zufriedenheit und Schmerzlosigkeit keine Alternative für ihn darstellen kann. Weltflucht als „laue fade Erträglichkeit“ (S. 35) scheint dauerhaft nicht möglich zu sein, weil Haller diese Art zu leben als nicht lebenswert ansieht. Leben muss mehr bedeuten, als bewusstlos dahinzudämmern. Er entwickelt daher eine Begierde nach starken Gefühlen, nach Sensationen und einem intensiven Leben. Für Haller ist ein Leben mit einem brennenden Schmerz lebenswerter als eines mit „bekömmliche[r] Zimmertemperatur“ (ebd.), also ein ruhiges, stetes Leben ohne jeden Höhepunkt. Stattdessen entwickelt er eine aggressive Zerstörungswut. Das von der Gesellschaft, der Politik und Wirtschaft seiner Zeit „abgetönte, flache, normierte und sterilisierte Leben“ (ebd.) muss bekämpft werden. Zu diesem Zeitpunkt verfügt Hesses Held über keine Strategien, um dem Problem zu begegnen. Außer einer rasenden Wut, irgendetwas kaputt zu schlagen, „etwa ein Warenhaus“ (Kritik am Kapitalismus) oder „eine Kathedrale“ (Kritik an der Kirche) (ebd.), fällt ihm nichts Konstruktives ein. An dieser Stelle werden beim Vergleich des Geisteszustandes des Helden zu diesem Zeitpunkt und am Ende des Romans die Unterschiede deutlich. Da Haller noch nicht das sein Problem analysierende Traktat gelesen hat und noch keiner der ihm helfenden Personen wie Pablo und Hermine begegnet ist, erscheint er im ersten Teil seiner Aufzeichnungen hilflos, verzweifelt und nahezu kindisch. Er kann auf den desaströsen Zustand seiner Umwelt nicht angemessen reagieren.

Begierde nach starken Gefühlen

aggressive Zerstörungswut

hilflose Verzweiflung

In diesem Geisteszustand verlässt Haller mit Beginn der Dunkelheit das Haus. Wieder einmal schlecht gelaunt, will er im „Gasthaus zum Stahlhelm" ein Gläschen Wein zu sich nehmen, um sein Leid zu betäuben. Noch im Treppenhaus des Bürgerhauses, in dem er wohnt, stellt er einige Überlegungen an. So reflektiert er darüber, warum er sich trotz aller Kritik am Bürgertum immer in „hochanständigen, hochlangweiligen, tadellos gehaltenen Kleinbürgernestern" (S. 36) einmietet. Dem einsamen Hasser der kleinbürgerlichen Welt würde es doch – vordergründig betrachtet – viel besser zu Gesicht stehen, wenn er sich in Proletarierhäusern einmieten würde. Doch Haller kennt die Gründe für seine nur auf den ersten Blick unverständliche Wahl: Als kleines Kind wurde er in einem bürgerlichen Haushalt großgezogen, in dem die gleiche Atmosphäre herrschte und die gleichen Werte gelebt wurden: „Ich liebe diese Atmosphäre ohne Zweifel aus meinen Kinderzeiten her, und meine heimliche Sehnsucht nach so etwas wie Heimat führt mich, hoffnungslos, immer wieder diese alten dummen Wege." (ebd.) Bei aller Kritik an den verlogenen, oberflächlichen Werten des Bürgertums muss er sich diese Form von Sentimentalität, diese Sehnsucht nach dem „Geruch von Stille, Ordnung, Sauberkeit und Anstand" (ebd.) doch eingestehen. Hier wird erneut der zentrale **Dualismus der Steppenwolfexistenz** deutlich: Auf der einen Seite stehen die Ordnung, Klarheit, Sauberkeit und Stille des Bürgertums, aus dem er zwar stammt, heute aber nicht mehr angehört. Auf der anderen Seite offenbart sich die dunkle Seite seiner Persönlichkeit: Kaum hat er die Schwelle zu seinem Zimmer betreten, erscheint alles unordentlich, verwahrlost, die leeren Weinflaschen und Zigarettenstummel liegen zwischen den Bücherhaufen im Raum, der eindrucksvoll Aufschluss gibt über die „Not der Einsamen", die „Problematik des Menschseins" und die „Sehnsucht nach einer neuen Sinngebung für das sinnlos gewordene

bürgerliche Sozialisation Hallers

Dualismus der Steppenwolfexistenz

Menschenleben". (S. 37) Beide Seiten machen den Charakter des Steppenwolfes aus und verdeutlichen seine innere Zerrissenheit zwischen Anpassung (Integration) und dem Traum von absoluter Freiheit.

Handlungsarmut des Romans ist gewollt

Auch die weiteren Ausführungen Hallers zeugen von Handlungsarmut. Sie bestehen zum größten Teil aus Erinnerungen des Helden. So schweifen seine Gedanken zurück zu einem Konzert, das Haller in Erinnerung geblieben ist, weil ihm währenddessen „die Tür zum Jenseits aufgegangen" (S. 39) ist. Dieser Moment habe zwar nur eine kurze Zeit angehalten, doch habe er es möglich gemacht, Gott bei der Arbeit zuzusehen. Damit ist gemeint, dass Hallers Streben nach dem Absoluten für einen Moment von Erfolg gekrönt war. Keine banale Kleinigkeit aus dem alltäglichen Leben konnte ihn ablenken, für diesen einen Augenblick sah er die Wahrheit, das Absolute, den Sinn des Lebens vor sich. Das Instrument, dessen er sich dabei bediente, war die Kunst. Der Gedanke, dass der Mensch durch die Teilhabe an (göttlicher) Kunst – zum Beispiel durch den Genuss von großer Musik oder Literatur – das absolut Wahre, Schöne und Gute ergreifen könne, entstammt der deutschen Romantik und Klassik. Die Gedanken J.J. Winckelmanns aufnehmend zeigen sich hier die Sympathie Hesses für die kunsttheoretischen Ideale der deutschen Klassik und sein konservatives Kulturverständnis. So ist es auch kein Zufall, dass im Verlauf der Romanhandlung ausgerechnet Goethe – als Repräsentant hoher Literatur und Verfasser der Tragödie „Faust", dessen Protagonist ein ähnliches Schicksal wie Haller beschieden ist – und Mozart auftreten und an den Auftrag der Kunst erinnern. Doch diese „goldene göttliche Spur" (ebd.) sieht Haller – und das ist der Hauptgrund für seine Verzweiflung – nur für einen kurzen Moment. Er kann den entscheidenden Moment, den er in der Betrachtung eines Kunstwerks erfährt, nicht festhalten, ihm keine Dauer

Streben nach dem Absoluten

Aufgabe der Kunst

Ideale der deutschen Klassik

verleihen. Er landet – „tief im Kot und Staub verschüttet" (S. 39) – wieder im banalen bürgerlichen Alltag.
Im Vergleich zu den inhaltlich sehr ähnlichen Beschreibungen, die der Herausgeber zu Beginn des Romans vornimmt, sind die persönlichen und subjektiven Aufzeichnungen Hallers deutlich radikaler in ihrer Kulturkritik, ihrem Lebensekel und dem ausgeprägten Pessimismus des Protagonisten: „Ich kann weder in einem Theater noch in einem Kino lange aushalten, kann kaum eine Zeitung lesen, selten ein modernes Buch, ich kann nicht verstehen, welche Lust und Freude es ist, die die Menschen in den überfüllten Eisenbahnen und Hotels, in den überfüllten Cafés bei schwüler aufdringlicher Musik, in den Bars und Varietés der eleganten Luxusstädte suchen, in den Weltausstellungen, auf den Korsos, in den Vorträgen für Bildungsdurstige, auf den großen Sportplätzen – ich kann all diese Freuden […] nicht teilen." (S. 40) Haller wirft den meisten Menschen seiner Zeit vor, dass sie die Oberflächlichkeit und Substanzlosigkeit der alltäglichen Vergnügungen nicht erkennen und ein falsches, unechtes Leben führen würden.

Lebensekel und Pessimismus

An dem obigen Zitat wird deutlich, wie vielfältig und pauschal Hallers Kritik formuliert ist. Die Dopplungen und Wiederholungen sollen den Eindruck, dass Haller mit seiner Gesellschaftsanalyse recht hat, verstärken. Dieses sprachliche Mittel wird von Hesse häufig eingesetzt. Dabei ist zu überlegen, ob die Häufigkeit der Wiederholungen tatsächlich mit einer zunehmenden Genauigkeit einhergeht.

Einsatz sprachlicher Mittel: Dopplungen und Wiederholungen

An der alten Mauer (S. 41)

Diese sich häufig wiederholenden Gedanken gehen Haller durch den Kopf, als er auf dem Weg zum Gasthaus an einer alten Steinmauer vorbeikommt. Es ist reiner Zufall, dass er in diesem Moment in der Mitte der Mauer ein kleines Portal mit einem Spitzbogen wahrnimmt. Er wundert sich, dass ihm diese Öffnung bisher nicht aufgefallen ist. Unter Anstrengung gelingt es dem Dichter, einen kaum lesbaren

Schriftzug über dem Portal zu entziffern, dies ist auch deshalb mit Schwierigkeiten verbunden, weil die Buchstaben in Bewegung sind und immer nur kurz aufleuchten. Der Vorgang scheint magischer Natur zu sein, auch wenn Haller versucht, ihn mit Alltagswissen zu erklären. Der Schriftzug lautet: *„Magisches Theater. Eintritt nicht für jedermann – nicht für jedermann. Nur für Verrückte!"* (S. 42f.) Von dem Geheimnis dieser Aussage angetan, hebt sich die Laune des Steppenwolfs, er entscheidet sich für die Einkehr in eine Kneipe. Obwohl in der Kneipe angenehme Ruhe herrscht, lassen Haller auch an diesem Ort seine ihn marternden Gedanken keine Ruhe. So hält er die Gäste für banale Bürger, die zu Hause in ihren „Philisterwohnungen öde Hausaltäre vor blöden Zufriedenheitsgötzen stehen" haben (S. 44), während er selbst als vereinsamter und entgleister Bursche mit „bankrotten Idealen" (ebd.) vor sich hin vegetieren muss. Doch anders als erwartet, findet Haller den Weg zur positiven Kontemplation (Meditation): Er erinnert sich an Momente in seinem Leben, in denen er so etwas wie Sinn und Göttlichkeit gefühlt hat. Diese Augenblicke ereigneten sich immer während des Genusses von Kunst. Haller berichtet über diese Momente, die sein banales irdisches Leben um etwas Unendliches, Absolutes, Ideales erweiterten. Er erwähnt dabei Skulpturen, Bilder, Klänge, alte Bücher der Mönche. Auch die kosmische Erfahrung der Natur, formuliert als rhetorische Frage mit anschließender Antwort, scheint bedeutsam: „Wer las nachts überm Rhein die Wolkenschriften der ziehenden Nebel? Es war der Steppenwolf." (S. 47) Durch all diese häufig schon vergessenen Hinterlassenschaften der großen Künstler kann man der Banalität und Oberflächlichkeit des eigenen Lebens für einen Moment entfliehen. Haller hat die Hoffnung, mehr von diesen Augenblicken zu erleben. Allein diese Hoffnung auf die zukünftige „Nähe zu Gott" ist es, die ihn im „irren Chaos" (ebd.) am Leben erhält.

rhetorische Frage

Aus seinen tiefen Gedanken aufgeschreckt, sucht Haller vergeblich die auf dem Hinweg noch lesbare Inschrift auf der alten Mauer. Doch stattdessen kommt dem Dichter ein ihm unbekannter Mann mit müdem Schritt entgegen. Über die Schulter gelegt trägt er „eine Stange mit einem Plakat" (S. 51), dessen Aufschrift Haller zu entziffern versucht. Da dies misslingt, spricht er den Mann an und bittet diesen, stehenzubleiben und ihm das Plakat zu zeigen. Seltsamerweise bewegen sich die Buchstaben – wie zuvor auf der Mauer – und tanzen und taumeln hin und her. Trotzdem kann Haller den Schriftzug lesen: *„Anarchistische Abendunterhaltung! Magisches Theater! Eintritt nicht für jed…"* (ebd.) Haller ist begeistert. Das Angebot scheint genau das Richtige für ihn zu sein. Und so will er dem seltsamen Mann ein kleines Büchlein abkaufen, was dieser aber ablehnt. Er überlässt Haller das Büchlein kostenfrei und verschwindet in der Dunkelheit. Haller verspürt eine tiefe Müdigkeit und eilt nach Hause. Dort fällt ihm das Buch wieder in die Hände, es handelt sich um ein Jahrmarktsbüchlein, ein Traktat. Haller ist vom Titel des Traktatsbetroffen: *„Traktat vom Steppenwolf. Nicht für jedermann."* Aufgrund des Titels, der auf sein eigenes Schicksal anzuspielen scheint, liest Haller das Traktat. Traktat

Der erste, deutlich kürzere Teil der Aufzeichnungen Hallers ist aus dessen ganz persönlicher Sicht geschildert. Zusammenfassung

Es wird deutlich, was für ein Roman den Leser erwartet: Bis zum Ende des ersten Teils der Aufzeichnungen Hallers gibt es nur wenig äußere Handlung. Viel wichtiger als ein spannendes Geschehen, zum Beispiel als eine aufwühlende Jagd nach einem Dieb, scheint die innere Handlung zu sein. Das, was im Inneren des Helden abläuft, seine Gedanken und Empfindungen, trägt den Roman. Und so ist es nicht überraschend, dass die Schilderung des Heimwegs Hallers nach dem Besuch einer Kneipe über mehrere Seiten gehen

innere Handlung

Redundanz (Verdopplung) der Gedanken

kann, obwohl es kaum äußere Geschehnisse gibt. Diese Tendenz zur Darstellung der Innensicht ist ein Bekenntnis Hesses zur deutschen (Früh-)Romantik. Einer ihrer geistigen Väter, der Dichter Friederich von Hardenberg, auch Novalis genannt, hat diese Weltsicht anschaulich in einem berühmten Zitat wiedergegeben: „Nach Innen geht der geheimnisvolle Weg." Es ist offensichtlich, dass Hesse mit seinem Roman „Der Steppenwolf" versucht, diesen Anspruch zu erneuern. Sein **Hang zur Romantik**, zum romantischen Mystizismus und die Hinwendung zu Tradition und Vergangenheit sind ihm häufig als konservativ und reaktionär ausgelegt worden und zum Gegenstand ideologischer Kritik geworden.

Einfluss der Romantik

Novalis: „Nach Innen geht der geheimnisvolle Weg."

Traktat vom Steppenwolf (S. 54–86)

Die eigentliche Romanhandlung wird durch das nun folgende Traktat, das Harry durch den seltsam anmutenden Bauchladenverkäufer ausgehändigt wurde, unterbrochen. Unter einem Traktat versteht man eine Art Bekenntnisschrift, wie sie z. B. von strenggläubigen Pietisten (fromme Strömung des Protestantismus) als Anleitung und zur Erbauung ihres christlichen Glaubens verfasst wurde. Eine ähnliche Funktion, wenn auch säkularisiert (verweltlicht), erfüllt auch dieses Traktat, das eine Sonderrolle im gesamten Roman einnimmt. Allein schon deshalb, weil es sich vom übrigen Schriftbild durch einen kursiven Druck abhebt. Zur Zeit der Erstveröffentlichung des Romans, Ende der 20er-Jahre, bestand Hesse darauf, das Traktat auf andersfarbigem Papier zu drucken und in das Buch einzulegen.

Traktat unterbricht die Romanhandlung

Inhaltlich geht es in dem nüchtern und sachlich gehaltenen Traktat um die Lebensproblematik von sogenannten Steppenwolf-Menschen, die in einer Identitätskrise stecken. Es ist für den Leser unschwer zu erkennen, dass es um die Le-

Inhalt des Traktats

bensproblematik Hallers geht. Mithilfe des Traktats soll erkannt werden, dass Hallers Problematik keine individuelle ist, sondern eine allgemeine. Aus diesem Grund ist die Sprache des Traktats auch in einem belehrenden, theoretischen Tonfall gehalten. Der Verfasser hat eine Botschaft für den Leser, er will diesen auf wissenschaftlich erscheinendem Weg von der Richtigkeit dieser Botschaft überzeugen.

Gliederung in drei Teile

Teil I des Traktats: Analyse der Persönlichkeitsstruktur

Ursache des Leidens: Dualismus

Das Traktat lässt sich grob in drei Teile gliedern: Im ersten Teil wird eine ausführliche Analyse der Persönlichkeitsstruktur des Steppenwolfs vorgenommen. Dieser wird zu Beginn des Traktats mit dem Namen Harry vorgestellt. Es folgt eine Charakterisierung der Krankheit des Steppenwolfs. Als Ursache für das seelische Leiden wird das gegensätzliche Denken des Abendlandes (Dualismus) genannt: Der Steppenwolf bestehe demnach aus zwei Naturen, einer menschlichen sowie einer wölfischen. Es sei das Schicksal des Steppenwolfes, mit dieser Spaltung seiner Persönlichkeit zurechtzukommen. Denn die beiden gegensätzlichen Persönlichkeitsbestandteile können nicht friedlich koexistieren, nebeneinanderher leben, sondern leben *„in ständiger Todfeindschaft gegeneinander“* (S. 55). Wenn die menschlichen Anteile seines Wesens dominieren, ist er mit „Schauen“, „Urteilen“ und „Richten“, also mit geistigen Tätigkeiten beschäftigt. Doch diesen typisch menschlichen Tätigkeiten kann der Steppenwolf niemals ungehemmt und frei nachgehen, liegt doch währenddessen der Wolf in ihm auf der Lauer, um diesem humanen Treiben ein Ende zu setzen und dem Tierischen in ihm zum Ausbruch zu verhelfen. Schöne Gedanken, edle Empfindungen, gute Taten – all das, was die Menschen als Beweis für ihre moralische Sonderstellung in der Welt der Kreaturen nehmen – werden vom Wolf verachtet. Für ihn ist es besser, auf das „ganze edle Theater“ (ebd.) zu verzichten. Gerade die

Handlungen, auf die der Mensch stolz ist, werden vom Wolf als Eitelkeit verstanden, seine Manieren und Sitten hält er für verlogen.

Die zwei Persönlichkeitsbestandteile des Steppenwolfs

Das „Menschliche" ⟷	Das „Wölfische"
• Vernunft	• Triebe
• Verstand	• Gefühl
• das Geistige	• das Natürliche
• Ordnung	• Chaos
• Kultur	• Natur
Sehnsucht nach Einheit und Integration	

innere Zerrissenheit – Kampf zwischen Wolf und Mensch

Diese **Gespaltenheit des Steppenwolfs** wird als Ursache für seine innere Zerrissenheit angesehen. Der ständige Kampf zwischen dem Wölfischen und dem Menschlichen lässt den Steppenwolf niemals zur Ruhe kommen. Diese Unruhe sorgt für sein Unglück. Die innere Zerrissenheit bleibt auch seinen Mitmenschen nicht verborgen. Gerade wenn sie meinen, den Steppenwolf kennen- und lieben gelernt zu haben, werden sie durch die andere Seite seiner Persönlichkeit erschüttert und verstört. Wer ihn als feinen, klugen, zurückhaltenden Menschen schätzen gelernt hat, wird vor den Kopf gestoßen, wenn er plötzlich mit der tierischen, ungehemmten Seite von ihm konfrontiert wird. Ähnlich müssen die Menschen reagieren, die Harry zuerst von seiner animalischen Seite kennenlernen – das Freie, Wilde, Unzähmbare, Gefährliche und Starke – und sich von dieser besonderen Art angezogen fühlen.

Die gespaltene Persönlichkeit ist der Grund für die Einsamkeit des Steppenwolfs. In dieser Einsamkeit wendet sich der Steppenwolf der Kunst zu, die es ihm für wenige Augenblicke ermöglicht, beide Persönlichkeitsbestandteile zu integrieren. Der Verfasser des Traktats verdeutlicht, dass viele

Künstler unter dem geschilderten Problem leiden. Gerade die Künstler haben zwei Seelen in ihrer Brust, etwas Göttliches und etwas Teuflisches. Nur die Kunst ermöglicht es ihnen, für wenige Augenblicke Glück zu empfinden. Der „*Schaum des Augenblicksglückes*" (S. 59) spritzt dann sehr hoch, weil ihnen die Integration des Wölfischen und Menschlichen geglückt ist. Das Problem ist, dass diese Momente flüchtig sind, dass die Steppenwölfe sie nicht festhalten und ihnen Dauer verleihen können. Sie werden zurückgestoßen in die Banalität des Kampfes zwischen dem Wölfischen und dem Menschlichen. Dieser Kampf ermüdet, er wird als ewige, zermürbende Wiederkehr des Gleichen empfunden. Spätestens an dieser Stelle ist Harry Haller bzw. dem Leser des Traktats klar, dass die theoretische Abhandlung einen direkten Bezug zur vorherigen Handlung – beschrieben im Vorwort des Herausgebers und im ersten Teil der tagebuchartigen Aufzeichnungen Hallers – hat. Was Harry Haller erlebt, wird im Traktat reflektiert und analysiert. Die einzelnen Romanteile scheinen sich gegenseitig zu ergänzen, indem die Ursache von Harrys Leiden erkannt und benannt wird: Es ist der abendländische Dualismus, die Einteilung in Gut und Böse, in Natur und Geist, der für das Leiden der Steppenwolfmenschen verantwortlich gemacht wird. Damit spielt Hesse auf die Lehre vom Menschen als einer Art „Mischwesen" an, die ihren Ursprung im Protestantismus hat und literarisch vielfältig bearbeitet wurde, insbesondere in den Dramen Lessings im Zeitalter der Aufklärung. Es ist genau diese Leib-Seele-Dichotomie (Gegensatz), die für die Unruhe im Menschen, für seine Zerrissenheit sorgt, da sie zur Folge hat, dass sich beide Teile voneinander abwenden oder sich sogar bekämpfen wollen. Ein ähnliches Problem hat Goethes Faust, bei dem sich die Sinnlichkeit vom Geistigen emanzipieren möchte. Ein solcher Wunsch kann auf Dauer – wie auch bei Faust, dessen Streben bekanntlich mit der Gretchen-Tragö-

Künstler haben …

… zwei Seelen in der Brust

Was Haller erlebt, wird im Traktat reflektiert und analysiert

Leib-Seele-Dichotomie

Goethes Figur Faust als literarische Anleihe

die ein vorläufiges, schuldhaftes Ende findet – nicht gut gehen. Weil der Steppenwolfmensch dies weiß, wird er zum Melancholiker. Damit ist die **existenzielle Grundsituation des modernen Menschen** skizziert: Das Bedürfnis nach Unabhängigkeit und Freiheit, der Kampf des Menschen gegen die ihn einschränkenden sozialen Imperative (Befehle), führt in die Isolation und Beziehungslosigkeit, weil der Mensch gleichzeitig um die Notwendigkeit der sozialen Integration weiß. Das Wissen um diesen Widerspruch macht den Steppenwolf zum Melancholiker, der um die Ursachen seiner Ich-Krise zwar weiß, diese aber nicht beseitigen kann. Die geschilderten Gegensätze scheinen ihm zu Beginn des Traktats unüberwindbar zu sein, eine Rettung aus Vereinsamung und gesellschaftlich-sozialer Isolation ist nicht in Sicht.

Melancholiker in der Ich-Krise

Das Verhältnis zum Bürgertum ist Thema des zweiten Teils des Traktats. Hier wird beschrieben, was den Künstler zum Außenseiter macht, der verzweifelt versucht, in der bürgerlichen Gesellschaft Fuß zu fassen. Ein Thema, das zur Zeit Hesses literarisch vielfach gestaltet wurde, man denke beispielsweise nur an Thomas Manns großartige Novelle „Tonio Kröger". Ähnlich wie Kröger, bei dem allein schon der südländisch klingende Vorname in Kombination mit dem klassisch-norddeutschen Familiennamen die innere Zerrissenheit äußerlich sichtbar werden lässt, ist auch Harry Haller in einem kultivierten Bürgerhaus aufgewachsen. Ein Teil seiner Seele hängt noch heute an den *„Ordnungen dieser Welt"*. (S. 68) Da Haller um die Vorteile eines bürgerlichen Lebens in *„fester Form und Sitte"* (ebd.) weiß, ist er um den Versuch eines Ausgleichs zwischen dem Künstlerischen und dem Bürgerlichen bemüht. Doch bald merkt er, dass seine Bemühungen in ein Leben bestehend aus Langeweile und Mittelmäßigkeit führen. Die Sicherheit eines gutbürgerlichen, gemäßigten Lebens wird erkauft mit dem Verlust

Teil II des Traktats

Versuch eines Ausgleichs zwischen Kunst und Bürgertum

der *„Lebens- und Gefühlsintensität"*. (S. 69) Ihm geht es darum, das Leben in seiner Totalität auszukosten, möglichst intensiv zu leben. Dieser Wunsch schließt ein bürgerliches Leben aus. In diesem geht es um die gleichmäßige Ausbildung eines Ichs, das aber nur auf Kosten der Intensität ausgebildet werden kann. Der ohne Unterlass nachdenkende Intellektuelle kommt zu der Erkenntnis, dass der Bürger ein ängstliches Wesen sei, das sich mit Behagen statt echter Lust, mit Bequemlichkeit statt Freiheit und mit angenehmer Wärme statt *„tödlicher Glut"* (ebd.) zufrieden gebe. Die ihm offenstehende Möglichkeit, selbst ein bürgerliches Leben zu führen, kommt daher für Haller nicht infrage. Stattdessen kommt es zu einer allgemeinen Kritik an den Wertmaßstäben des Bürgertums. Diesem wird vorgeworfen, *„an Stelle der Macht die Majorität"* (Mehrheit), *„an Stelle der Gewalt das Gesetz"* und *„an Stelle der Verantwortung das Abstimmungsverfahren"* (ebd.) gesetzt zu haben.

Kritik an Werten des Bürgertums

Der erste Aspekt kritisiert die Einführung der Demokratie. In der Tradition des deutschen Rechtsgelehrten Carl Schmitt wird in den 20er-Jahren des 20. Jahrhunderts dem politischen System der Demokratie vorgeworfen, wahre Herrschaft zu verwässern, indem der Masse aller Menschen die Möglichkeit gegeben wird, diese Herrschaft auszuüben. Dahinter steht der heute unverständliche Gedanke, dass die Mehrheit der Menschen zu dumm dafür sei, sich selbst zu regieren.

Der zweite Aspekt kritisiert – aus heutiger Sicht ebenfalls fragwürdig – das Prinzip der Rechtsstaatlichkeit, wonach jede legitime Herrschaft an Gesetze gebunden ist.

Der dritte Aspekt korrespondiert mit dem ersten; auch hier geht es darum, dass der Gedanke der Volkssouveränität wahre Herrschaft – was immer man darunter auch verstehen mag – verwässere. Zu Recht haben manche Interpreten Hermann Hesse faschistisches Gedankengut vorgeworfen. Diese Kritik an der antidemokratischen Einstellung

Kritik an Hesse: präfaschistisches Gedankengut?

Hesses kann auch dann aufrechterhalten werden, wenn man weiß, dass Hesse sich von Nazi-Deutschland nicht benutzen ließ, dass seine Ablehnung des nationalsozialistischen Regimes ihm kurz nach Ende des Zweiten Weltkrieges 1946 den Literaturnobelpreis eingebracht hat. Gerade weil sich viele Hesse-Fans, meist junge Leser, von den Romanen des Autors und der radikalen Gesellschaftskritik angezogen fühlen, sei an dieser Stelle auf die Fragwürdigkeit und Gefahr einer Ideologie hingewiesen, die *„das Gesetz, die Tugend und den common sense verachtet"* (S. 70), wie es der Romanheld des „Steppenwolfs" tut. Aus heutiger Sicht muss deutlich gemacht werden, dass die Verachtung der Demokratie und des Prinzips der Rechtsstaatlichkeit mitverantwortlich waren für den Aufstieg der nazistischen Gewaltherrschaft, die über 50 Millionen Menschen im Kontext des Zweiten Weltkrieges das Leben gekostet und ein unvorstellbares Verbrechen wie den Holocaust, die systematisch-organisierte Vernichtung der europäischen Juden, möglich gemacht hat.

Der Verfasser des Traktats fragt am Ende des zweiten Teils konsequenterweise, wieso das Bürgertum trotz seiner eigenen Mittelmäßigkeit überhaupt noch am Leben sei. Ein am Mittelmaß ausgerichtetes Leben müsse doch auf Dauer dem Untergang geweiht sein. Ganz im Gegenteil aber erfreue sich das Bürgertum ausgesprochener Vitalität. Den Grund für diese Stärke sieht die **auktoriales Erzählverhalten** (allwissender Erzähler) aufweisende Erzählerfigur in der Existenz der Steppenwölfe, also der neben der bürgerlichen Gesellschaft existierenden Außenseiter. Was auf den ersten Blick wie ein Widerspruch anmutet, erscheint bei näherer Betrachtung durchaus logisch: Gerade weil das Bürgertum keinen absoluten Anspruch hat, weil seine Ideale verschwommen und dehnbar sind, kann es die zahlreichen Steppenwölfe umschließen und integrieren (vgl. S. 70). Das Bürgertum profitiere sogar von den am Rande der Ge-

auktoriales Erzählverhalten

sellschaft stehenden Steppenwölfen, weil diese neue Impulse liefern und das Bürgertum auf diese Weise am Leben erhalten. Der zweite Teil des Traktats schließt mit der Frage, wie die Steppenwölfe mit diesem Zwiespalt klarkommen: Einerseits verstehen sie sich als radikale Kritiker der Durchschnittsgesellschaft, andererseits bleiben sie Teil dieser bürgerlichen Welt. Die Antwort findet sich in der individuellen Einstellung zum **Humor**: Wer erkannt hat, dass er im Bürgertum nicht glücklich werden kann, sucht sein Glück, also die Suche nach dem Absoluten und Unbedingten, auf eigene Faust. Wer merkt, dass auch diese Suche vergeblich bleiben muss, weil für den Menschen das Absolute per se nicht erreichbar ist, dem bleibt entweder der Selbstmord oder aber *„der versöhnliche Ausweg in den Humor"*. (S. 72) Damit ist eine Bewusstseinseinstellung gemeint, einerseits nimmt man das Leben ernst und will sich im Leben beweisen, auf der anderen Seite weiß man jedoch auch immer um die Vorläufigkeit allen Handelns. Und so stellt sich bei jenen souveränen Steppenwölfen als Folge dieser Einsicht eine gelassene Heiterkeit ein, die hilft, das Leben zu ertragen, die Erkenntnis, dass es dem Menschen in seiner Unvollkommenheit nicht möglich ist, das Absolute und Unbedingte, nach dem er strebt, zu erkennen und zu verwirklichen. Das bedeutet nicht, dass dies generell nicht möglich ist, sondern nur, dass man diesen höheren, absoluten Sinn im irdischen Leben nicht realisieren kann. Wer dies weiß, der kann sich selbst und sein Leben gelassen annehmen, im Sinne des Romans das **Lachen lernen**.

Bedeutung des Humors

Ziel: das „Lachen lernen"

Der dritte Teil des Traktats bringt vor allem gegenüber dem im ersten Teil geschilderten abendländischen Dualismus eine neue Perspektive ins Spiel. Wird im ersten Teil noch beschrieben, dass Haller unter seinem inneren Dualismus – dem Gegensatz von Wolf und Mensch – leidet und er diese beiden Welten nicht miteinander vereinbaren kann,

Teil III des Traktats

Kritik am Dualismus

so wird erst jetzt in aller Klarheit diese Sicht als *„Täuschung"* und *„Fiktion"* (S. 74) kritisiert. Die Kritik am Dualismus des Abendlandes relativiert also die im ersten Teil aufgestellte Theorie und überführt sie der gefährlichen Vereinfachung komplizierter Sachverhalte. Die dualistische Steppenwolftheorie sei deshalb banal und vereinfachend, weil sie das Verhalten der Menschen auf zwei grundlegende, sich widersprechende Kräfte zurückführe und auf diese Weise andere, genauso wichtige Kräfte und Persönlichkeitsbestandteile vernachlässige. Ein Mensch besteht demnach nicht bloß aus dem Gegeneinanderwirken von Natur und Geist, Trieb und Vernunft, Kultur und Wildheit, sondern aus Tausenden von Wesen: *„Harry besteht nicht aus zwei Wesen, sondern aus hundert, aus tausenden. Sein Leben schwingt (wie jedes Menschen Leben) nicht bloß zwischen zwei Polen, etwa dem Trieb und dem Geist, oder dem Heiligen und dem Wüstling, sondern es schwingt zwischen tausenden, zwischen unzählbaren Polpaaren."* (S. 76)

„Harry besteht nicht aus zwei Wesen, sondern aus hundert, aus tausenden."

Wenn die Einteilung der Welt in Gut und Böse, in Hell und Dunkel, Schwarz und Weiß mit Blick auf die Persönlichkeit eines Menschen falsch ist, weil sie andere Persönlichkeitsaspekte unberücksichtigt lässt, so ist die Frage zu stellen, warum an dieser Form des Dualismus weiterhin mit Erfolg festgehalten wird. Diese Frage stellt auch der Verfasser des Traktats. Den Grund für die seiner Meinung nach erfolgreiche, aber primitive Formel des Dualismus sieht er in dem Bedürfnis des Menschen, sich sein eigenes Ich als eine Einheit vorzustellen, die Stabilität und Dauerhaftigkeit aufweist. Der Glaube an eine solche Einheit der Persönlichkeit sei aber ein Trugschluss, ein *„Wahn"* (S. 77), den es zu überwinden gelte. Doch nur sehr wenige Menschen seien in der Lage, in die tiefsten Tiefen ihrer Seele zu blicken und sich selbst in der ureigensten Vielfältigkeit wahrzunehmen.

Ziel: Menschwerdung

Das Ziel besteht in echter, authentischer und absoluter Menschwerdung, die aber nur demjenigen gelingt, der sich selbst permanent infrage stellt. Diese Anforderung wird von den meisten Menschen, vor allem aber von denen des damaligen Bürgertums, als unzumutbar angesehen. Schließlich bestand das ganze Wirken des Bürgers seiner Zeit darin, ein in sich logisches, konsistentes Ich aufzubauen, das einem Sicherheit, Stabilität und Geborgenheit verleiht. Die Einsicht, dass die menschliche Persönlichkeit aus mehr als zwei Polen besteht, wie es uns der abendländische Dualismus weismachen will, führt nahezu direkt zu der Forderung, sein bisheriges Ich aufzugeben, weil es auf falschen Voraussetzungen beruht. Ein Mensch, der über die Existenz unzählbarer Polpaare in seinem Inneren weiß und es sich zum Ziel macht, diese zu erkunden, ist – so Hesse – gezwungen, seine bisherige stabile Persönlichkeit aufzugeben. Der Abschied von der Vorstellung eines stabilen Ichs ist die logische Konsequenz des Glaubens an die Vielfältigkeit der Persönlichkeit eines jeden Menschen, wie sie die Philosophie Buddhas impliziert. Seelische Gesundheit erlangt nur der Mensch, der sich von seinem bisherigen Ich verabschiedet und sich dazu bereiterklärt, sich auf die gefährliche Suche nach neuen Persönlichkeitsbestandteilen zu machen. Wer diesen Gedanken verstanden hat, dem wird klar, warum bewusstseinserweiternde **Drogen** – beispielsweise gibt Pablo Harry Kokain – eine aus heutiger Sicht erstaunlich positive Bewertung im Roman erfahren. Sie dienen als Hilfsmittel zur Bewusstseinserweiterung und zur Heilung. Die heute völlig zu Recht gültige Ansicht, dass „harte" Drogen wie Kokain oder Heroin die Persönlichkeit eines Menschen nicht zum Vorschein bringen, sondern vernebeln und verstellen, war in den 20er-Jahren des letzten Jahrhunderts noch nicht verbreitet. Vielmehr ist das bewusst angestrebte Ziel Hesses Konzepts, Chaos statt Ordnung zu erzielen.

Abschied von der Vorstellung eines stabilen Ichs

Drogen

Auflösung der Persönlichkeit als Voraussetzung für die Menschwerdung (S. 76ff.)

Die Auflösung der Persönlichkeit ist Voraussetzung für die Menschwerdung. Dieser paradox anmutende Satz bedarf der Erklärung: Persönlichkeit, ein unverwechselbares Ich, bildet sich nach gängiger Vorstellung durch individuelle Erziehung und Sozialisation. Ausgestattet mit einzigartigen genetischen Anlagen werden wir zu Individuen, weil wir von unseren Eltern, Lehrern und Ausbildern erzogen, von unseren Freunden und Partnern nicht weniger stark beeinflusst – sozialisiert – werden. Dieser Prozess ist nicht nur deshalb einzigartig, weil jeder Mensch von unterschiedlichen Individuen beeinflusst wird, sondern auch, weil er zu einem ganz bestimmten, nicht wiederholbaren Zeitpunkt in der biografischen Geschichte eines Menschen abläuft. Im Rahmen dieses Prozesses der Individuation bilden wir Persönlichkeit aus, weil wir Entscheidungen treffen. Wir entscheiden uns, in einen Sportverein zu gehen oder unsere Haare rot zu färben.

Individuation

Wir sind einzigartige Individuen, weil wir Entscheidungen für oder gegen bestimmte Zustände oder Handlungen getroffen haben. Wir erkaufen also – negativ gesprochen – unser Ich mit der Verneinung anderer Dinge und Aspekte, gegen die wir uns einmal schicksalhaft entschieden haben. Diese Entscheidung macht uns einzigartig, sie hebt uns aus der Masse der anonymen Menschen heraus, sie differenziert uns von ihnen. Das macht uns – so die gängige abendländische Vorstellung – glücklich, weil wir uns als eigenes, unverwechselbares und daher wertvolles Ich empfinden. Die Tatsache, dass wir diese eigene Persönlichkeit mit der Preisgabe von Dingen erkauft haben, die wir hätten besitzen oder gar sein können, nehmen wir dabei in Kauf. Wer sich dazu entschlossen hat, Arzt zu werden, kann in der Regel niemals ein Lehrer werden und umgekehrt.

Für den Verfasser des Traktats ist dieser Kompromiss ein Fehler, der Preis, den wir für unsere eigene Persönlichkeit zahlen, zu hoch. Um ein „Ich" nach gängiger bürgerlicher Vorstellung zu sein, verzichten wir auf zu viel Spannendes und Erfreuliches, auf Dinge, die das Leben sonst noch zu bieten hat. Weil wir das wissen, werden wir entweder krank, so wie es die Steppenwölfe werden, oder aber wir richten uns in der Mittelmäßigkeit des bürgerlich-banalen Alltags ein, so wie es der Herausgeber der Aufzeichnungen Hallers tut. Nach der Lehre oder **Didaktik des Traktats** muss keines von beiden sein, es gibt eine Möglichkeit zur Heilung: die Entpersonalisierung des Einzelnen. Der krank machende Prozess der Ich-Identitätsbildung muss rückgängig gemacht werden. Haller hat bisher wie eine Raupe gelebt. Nun müsse er wie ein Schmetterling seine alten Hüllen abstreifen und zu dem werden, was in ihm versteckt sei, sein Potenzial ausschöpfen. So wie eine Raupe verpuppt und häufig hässlich anzusehen ist, so ist es Hallers Aufgabe, die in ihm steckende Schönheit zu entdecken. Man kann diese Verwandlung auch als Metamorphose bezeichnen, einen Begriff, der ursprünglich im biologischen Sinne die besagte Entpuppung einer Raupe beschreiben soll. Die Methode hierfür bleibt dabei etwas blass und ungenau.

Didaktik des Traktats: Entpersonalisierung des Einzelnen

Generell geht es dem Verfasser des Traktats um die innere Einstellung, die Seele auf eine Art zu erweitern, *„daß sie das All wieder zu umfassen vermag"*. (S. 84) Es sind Formulierungen wie diese, die Hesse den Vorwurf eingebracht haben, zu pauschal und ungenau zu formulieren. Der Leser könne zwar mit seiner Gesellschaftsanalyse übereinstimmen, konkrete Hilfen zur Änderung seines Lebens könne er aber nicht erwarten, zu lyrisch und malerisch bleibe die Sprache der Helden. Ebenfalls sollten einige fragwürdige Stellen am Ende des Traktats kritisiert werden, an denen eine Qualifizierung von Menschen vorgenommen wird. So werden Hesses Menschenbild und sein Verständnis vom

Kritik an Ungenauigkeit und Pauschalität der Sprache Hesses

Wert eines jeden Menschen gut anhand der folgenden Textstelle – aufgrund ihres entlarvenden Charakters – deutlich: *„Es ist hier nicht die Rede vom Menschen, den die Schule, die Nationalökonomie, die Statistik kennt, nicht vom Menschen, wie er zu Millionen auf den Straßen herumläuft und von dem nichts andres zu halten ist als vom Sand am Meer oder von den Spritzern einer Brandung: es kommt auf ein paar Millionen mehr oder weniger nicht an, sie sind Material, sonst nichts."* (S. 84) Wenn Menschen an dieser Stelle der Wert eines Sandkornes oder eines Wasserspritzers zuerkannt wird, dann ist der Weg zum Gedanken an die Vernichtung dieser Menschen – auch wenn Hesse dies nicht intendiert – zumindest ein mittelbarer (indirekter). Der furchtbare Gedanke, dass Genies, die sich in der Tat von der großen Mehrheit der Menschen aufgrund ihrer Begabung unterscheiden, ein stärkeres Anrecht auf Leben und Existenz haben, ist mit Blick auf die Gültigkeit der allgemeinen Menschenrechte vehement zurückzuweisen. Der in der Forschung häufiger anzutreffenden Kritik an der Elitentheorie Hesses ist vor dem Hintergrund der fatalen deutschen Geschichte – des Holocausts – zuzustimmen.

Kritik an der Elitentheorie Hesses

Die Aufzeichnungen Harry Hallers (Teil II: S. 87 – 278)

Als Haller die Lektüre des Traktats beendet hat, fällt ihm ein selbstverfasstes Gedicht ein, das komplett wiedergegeben wird. In diesem wird ein die Rehe naturgemäß liebender Wolf beschrieben, der sich danach sehnt, endlich wieder seine Zähne in die „zärtlichen Keulen" (S. 87) der Rehe zu bohren und sich „an ihrem hellroten Blut" (ebd.) satt zu trinken. Doch zur Verwirklichung seiner tiefsten Wünsche ist es schon lange nicht mehr gekommen, der Steppenwolf leidet unter Einsamkeit und Selbstentfremdung und trägt dem Teufel seine „arme Seele" (S. 88) zu. Sofort erkennt der Intellektuelle Haller die Verwandtschaft zwischen seinem traurigen und angstvollen „Selbstbildnis in Knittelversen" (S. 88) und dem gerade gelesenen Traktat. Beide Quellen hält er für inhaltlich zutreffend, da sie ungeschminkt seine trostlose Existenz sowie die Unerträglichkeit seines Zustands offenlegen würden. Dem Denker wird klar, dass der alte Steppenwolf sterben muss, um zu überleben. Haller erkennt – ausgelöst durch die Kraft des Traktats – die Notwendigkeit einer **neuen Ichwerdung**.

Einsicht in die Notwendigkeit einer neuen Ichwerdung

In der Folge denkt Haller noch öfters über die Ratschläge des Traktats nach.

Am Friedhof (S. 95)

Haller schließt sich einem durch die Stadt ziehenden Trauerzug an, als er plötzlich einen der dort mitziehenden Männer als den Plakatträger wiedererkennt. Haller spricht ihn auf die versprochene Abendunterhaltung an. „Gehen Sie in den Schwarzen Adler, Mensch, wenn Sie Bedürfnisse haben" (S. 97), antwortet ihm der Plakatträger. Genau in diesem Lokal wird am Abend Harrys Entwicklungsprozess tatsächlich in Gang gesetzt werden, vorerst jedoch geht Harry weiter seines Weges.

Vor der Bibliothek trifft er einen ihm bekannten Professor, über dessen Einladung er sich freut. Gleichwohl ist ihm auch bewusst, wie verlogen es von ihm ist, diese Einladung anzunehmen, ist der Professor doch Teil seines alten, verachteten Lebens, das er hinter sich lassen wollte. Doch Haller muss sich ein gewisses Maß an Eitelkeit eingestehen, die Einladung ehrt und verführt ihn zugleich. Wütend über sich selbst, seine „menschliche Dummheit" und „Charakterlosigkeit" (S. 99), geht Harry nach Hause und versucht, zu lesen. In einem kultur- und zivilisationskritischen Selbstgespräch erinnert sich Haller dann an die vergessen geglaubte Analyse der Gesellschaft und Zivilisation: „Ein Friedhof war unsre Kulturwelt […]." (S. 101) Er weiß also,

Selbstgespräch: Kultur- und Zivilisationskritik

dass ein Besuch bei dem Professor keine neuen Erkenntnisse bringen wird, dass er sogar teilnimmt an einem Geschehen, das er selbst als verlogen, dumm und „Schweinerei" (S. 99) erkannt hat.
Hallers Verachtung der Dummheit und Seichtheit der bürgerlichen Gesellschaft wird erneut deutlich. Der Leser verabschiedet sich von der Vorstellung, dass der Held die Einladung des Professors tatsächlich annehmen wird.

„Professoren-Ereignis" (S. 103 ff.)
Dennoch findet das sogenannte Professoren-Ereignis statt, offensichtlich hat die Sehnsucht des Bürgers in Haller den Ausschlag für die Entscheidung gegeben, die er schon bald bereuen wird. Es kommt, wie es kommen muss: Als er von dem Dienstmädchen eingelassen wird, steht er allein im Empfangszimmer. Sein Blick fällt auf ein Bild, eine Radierung, die den Dichter Goethe darstellt. Sofort stößt sich Haller an dem „charaktervollen, genial frisierten Greis mit schön modelliertem Gesicht" (S. 104), das seiner Meinung nach der geistigen Tiefe des deutschen Dichters nicht gerecht wird. Für ihn ist das Bildnis ein Beispiel für die Selbstgefälligkeit des Goethe nicht verstehenden Bürgertums.
In der Folge wird der unglückliche Verlauf des Abendessens beschrieben, denn gleich zu Beginn erinnert der Professor an einen Namensvetter Hallers, einen „üble[n] Kerl und vaterlandslose[n] Geselle[n]" (S. 105), der sich über den Kaiser lustig mache und Deutschland eine Mitschuld am Kriege gebe. Natürlich handelt es sich bei dem Publizisten um Haller selbst, doch dieser gibt sich (noch) nicht zu erkennen und betreibt stattdessen belanglose Konversation mit der Frau des Hauses. Verlogen bewundert diese Hallers angeblich gutes Aussehen. Haller selbst ist sich seines Alters bzw. Aussehens sehr wohl bewusst und hat Mühe, bei den üblichen Schmeicheleien mitzuspielen. Er bemerkt, dass

sich seine Gastgeber ebenso unwohl fühlen wie er, und ist froh, als das Essen beendet wird.

In guter Absicht – er will ein ungezwungenes Gespräch herbeiführen – macht er sich über das von ihm belächelte Bild Goethes lustig, es kommt zur **sozialen Katastrophe**: „‚Hoffen wir', […], ‚daß Goethe nicht wirklich so ausgesehen hat! […].'" (S. 107) Wer Goethe auf diese Art darstelle, der gehe entschieden zu weit. Mit „einem tief leidenden Gesicht" (ebd.) verlässt daraufhin die Frau des Hauses das Zimmer. Der empörte Professor informiert Haller darüber, dass es sich bei der Goethedarstellung um das Lieblingsbild seiner Frau handele, und wirft ihm vor, sich verletzend ausgedrückt zu haben. Haller gibt dem Professor in seiner Kritik recht und entschuldigt sich. Um Haller am vorzeitigen Gehen zu hindern, erinnert der Professor diesen an die anregenden Gespräche, die er mit ihm vor langer Zeit geführt habe. Doch Haller macht reinen Tisch und offenbart alles. So gibt er sich als der von der zitierten Zeitung angeprangerte „vaterlandslose Geselle" (S. 108) zu erkennen, der sich zu „Vernunft und Friedensliebe" bekennt, „statt blind und besessen auf einen neuen Krieg loszusteuern". (ebd.) Zugleich sei er der bürgerlichen Gesellschaft nicht mehr zuzumuten, da er den ganzen Tag über betrunken sei, allein lebe und stets schlechter Laune sei. Mit diesen klaren Worten verlässt er das Haus. Haller ist sich sofort über die Bedeutung dieses Geschehens im Klaren: Der letzte Versuch der Integration ins Bürgertum ist gescheitert, der Abschied von der bürgerlichen und gelehrten Welt ist ein „vollkommener Sieg des Steppenwolfes". (S. 109) Das „gewaltig[e] Theater […] zwischen den beiden Harrys" (ebd.) scheint zugunsten des einzelgängerischen Wolfes entschieden.

soziale Katastrophe

letzter Versuch der Integration scheitert

Erste Begegnung mit Hermine (S. 111 ff.)

Ziellos umherschweifend, landet Haller mitten in der Nacht in einem Wirtshaus. Dort begegnet er einem hübschen, bleichen Mädchen in einem tief ausgeschnittenen Ballkleid, das eine verwelkte Blume im Haar trägt (vgl. S. 112). Haller setzt sich neben das Mädchen. Die beiden einander völlig unbekannten Menschen kommen schnell miteinander ins Gespräch. Haller gefällt die Güte, die das Mädchen ausstrahlt. Zugleich hat er den Eindruck, von ihr verstanden zu werden. Die Rollenverteilung zwischen den beiden ist erstaunlich. Anders als zu erwarten, ist es nicht der lebenserfahrene Denker, sondern das junge Mädchen, welches das Gespräch führt. Haller klagt dem Mädchen, deren erst später preisgegebener Name **Hermine** lautet, sein Leid. Diese aber gibt dem Selbstmitleidigen und potenziellen Selbstmörder sofort Widerworte. Das Leben zu leben sei doch einfach und keinesfalls so schwer, wie Haller es suggeriere: essen, trinken und tanzen. Doch Haller muss dem fremden Mädchen mit dem „knabenhaft frisierten Kopf" (S. 114) gestehen, dass er die einfachen Dinge des Lebens nicht beherrscht. Hermine ist empört: „Ja, wie kannst du sagen, du habest dir mit dem Leben Mühe gegeben, wenn du nicht einmal tanzen willst?" (S. 115) Haller entschuldigt sich mit dem Hinweis auf den schlechten Einfluss seiner elterlichen Erziehung. Seine Eltern hätten ihn zwar „Latein und Griechisch und all das Zeug" (ebd.) lernen lassen, das Tanzen aber nicht. Indem Hermine ihre Verachtung gegenüber dieser Form von Erziehung äußert, wird an dieser Stelle die Kultur- und Bildungskritik Hesses deutlich. Hesse ist hier der Meinung, dass die Inhalte der bürgerlichen Bildung echter Herzens- und Lebensbildung entgegenstehen. Man lerne nur Latein und Griechisch, um sich von anderen gesellschaftlichen Schichten abzuheben. Einen echten, persönlichen Mehrwert erhalte man von dieser Art der Bildung und Erziehung nicht, da nicht der Mensch um seiner selbst willen im Mittelpunkt des pädagogischen Handelns stehe, sondern es nur darum gehe, seine soziale Stellung innerhalb der gesellschaftlichen Ordnung zu sichern.

Hermine

Bildungs- und Kulturkritik Hesses

Hermine spricht sich für die einfachen Dinge aus. Damit wendet sie sich gegen die Dinge, die das Leben des Steppenwolfs bisher ausgefüllt haben: zu studieren, Musik zu machen, Bücher zu lesen bzw. selbst zu verfassen. Obwohl das Mädchen Harry kritisiert, fasst dieser sehr schnell Vertrauen, weil er merkt, dass die Kritik Hermines ihre Richtigkeit hat. Deshalb offenbart er ihr auch, was der Grund für seinen miserablen seelischen Zustand ist, und erzählt ihr von seinem Ärger über das missratene und kitschige Goethe-Bildnis im Haus des Professors. Hermine macht ihm deutlich, dass sein Verhalten kindisch sei. Wie ein „kleiner Bub“ (S. 120) habe Harry reagiert, als er bemerkte, dass es Menschen – den Maler des Bildes, den Professor und seine Frau – gebe, die eine andere Vorstellung von Goethe als er selbst entwickelt hätten. Zwar könne es durchaus sein, dass Hallers Vorstellung von Goethe am zutreffendsten sei, doch könne dies niemand mit Gewissheit sagen. Jeder Mensch habe das Recht, sich sein eigenes Bild von Goethe zu machen, ganz egal, ob zutreffend oder nicht. Hermines **Plädoyer für Offenheit,** Liberalität und Vielfältigkeit der Anschauungen erinnert an die Predigt des Verfassers des Traktats, dem es auch darum geht, möglichst viele Anschauungen, auch von anderen, zuzulassen und sich von den Polaritäten freizumachen. Zugleich zielt das Plädoyer auch auf die am Ende der Romanhandlung im Magischen Theater propagierte Theorie, dass ein Mensch dann am glücklichsten sei, wenn er alle Möglichkeiten seiner Person auslote. Dies kann aber nur gelingen, wenn das Individuum über die Einstellung verfügt, dass alle Anschauungen ihren Wert haben. Noch bevor Harry nach dem Namen des Mädchens fragen kann, verschwindet diese für eine Stunde aus dem Lokal. Sie rät Harry zu einem erholsamen kleinen Schläfchen, was dieser prompt tut.

Plädoyer für Offenheit, Liberalität und Vielfältigkeit

Goethe-Traum (S. 122ff.)

Harry träumt von Goethe, der ihn in seinem Traum empfängt. Er besucht den deutschen Dichter in seiner Funktion als Korrespondent einer Zeitschrift, seine Einstellung gegenüber Goethe ist anfangs negativ ausgeprägt. Endlich wird er vom alten, mit einem „dicken Ordensstern auf seiner Klassikerbrust" (S. 123) versehenen Goethe empfangen. Goethe gibt zu verstehen, dass er die kritische Einstellung der jungen Leute ihm gegenüber kennt. Haller stimmt zu, die alten Klassiker seien ihm zu feierlich, zu eitel, zu wichtigtuerisch und zu wenig aufrichtig. Der alte Goethe bittet um Erläuterung. Haller wirft Goethe Verlogenheit vor. Der große deutsche Schriftsteller habe die „Hoffnungslosigkeit des Menschenlebens" (S. 124) sehr wohl erkannt und ihm sei bewusst, dass der Mensch die „schöne Höhe des Gefühls" durch die „Kerkerhaft des Alltags" (ebd.) bezahlen müsse. Das Absolute, wonach der Mensch strebe, sei also nicht von Dauer, der Mensch könne es nicht festhalten und müsse zurück in die Banalität des bürgerlichen Alltags, der Haller so anekelt. Doch statt an dieser Einsicht zu verzweifeln, wie Haller, habe Goethe sein Leben lang statt Hoffnungslosigkeit Optimismus und Glauben gepredigt und den Menschen glauben gemacht, dass seine geistige Anstrengung einen dauerhaften Sinn ergebe. Dies ist der Vorwurf Hallers an den Unsterblichen.

Vorwurf Hallers an den Unsterblichen

Goethe nimmt den Vorwurf des Intellektuellen ernst. In seiner Antwort versucht er, den Vorwurf der Unaufrichtigkeit zu entkräften, indem er auf die große Bedeutung des Kampfes verweist. Auch wenn man um die Unmöglichkeit wisse, als Mensch dem Absoluten Dauer zu verleihen, solle man sich dennoch stets darum bemühen und den ewigen Kampf nicht aufgeben. Es gehört zum Wesen des irdischen Menschenlebens, dass es vergänglich und unvollkommen sei. Dies zu akzeptieren sei nicht leicht. Wer dies nicht könne, sei dem Tod geweiht.

Das aber kommt für einen Unsterblichen wie Goethe nicht infrage. Die Tatsache, ein Mensch zu sein, empfindet dieser eher als Privileg. Ertragen könne man die menschliche Existenz, indem man auf sein unvollkommenes Leben mit Gelassenheit, Souveränität und Humor reagiere: „Wir Unsterblichen lieben das Ernstnehmen nicht, wir lieben den Spaß. Der Ernst, mein Junge, ist eine Angelegenheit der Zeit; er entsteht, soviel will ich dir verraten, aus einer Überschätzung der Zeit." (S. 127) Goethe geht es darum, die Bedeutung des eigenen Lebens zu relativieren. Tatsächlich ist Hesse vonseiten der Forschung der Vorwurf gemacht worden, sein Held sei selbstverliebt, narzisstisch, kreise gedanklich nur um sich selbst und vernachlässige seine soziale Umwelt.

Antwort Goethes: Gelassenheit, Souveränität und Humor

Kritik am typisch deutschen Innerlichkeitskult

Aufgeschreckt von einem Skorpion, der ihn schon zu Beginn seines Traumes eingeschüchtert hat, wacht Haller nach einem einstündigen Schlaf auf. Hermine steht bereits wieder vor ihm, nach einem kurzen Gespräch verlässt sie ihn wieder. Harry wird sich immer klarer darüber, dass das Auftauchen dieses Mädchens für ihn wie ein Geschenk ist, das ihn aus der Öde seines Lebens reißt und zu neuer Aktion führt. Im Hotel reflektiert er seine Situation: „Plötzlich ein Mensch, ein lebendiger Mensch, der die trübe Glasglocke meiner Abgestorbenheit zerschlug und mir die Hand hereinstreckte, eine gute, schöne, warme Hand!" (S. 132) Plötzlich erkennt er wieder Dinge, die ihn etwas angehen, an denen er Freude hat, an die er mit Sorge und Spannung denken kann. Haller kann es kaum noch erwarten, bis er Hermine wiedersieht. Wie ein verliebter Junge klammert er sich an diese letzte Hoffnung, die die unerträgliche Spannung zwischen „Nichtlebenkönnen und Nichtsterbenkönnen" (S. 136) auflösen soll. Die Funktion Hermines wird Harry klar, ohne dass sie sie ihm erläutern müsste: „Sie war das kleine Fensterchen, das winzige lichte Loch" (ebd.) in Hallers dunkler „Angsthöhle". „Sie war die Erlösung, der

Aufgabe Hermines

„Weg ins Freie"

Weg ins Freie." (ebd.) Bemerkenswert ist die Art und Weise, wie Hermine die Wandlung Hallers gelingt. Die Veränderung wird nicht durch die von Haller über Jahrzehnte hochgehaltene und praktizierte Muße, das Trainieren des Intellekts, die Lektüre von abstrakten Theorien in komplizierten Büchern möglich, sondern durch einfache, grundlegende Tätigkeiten. Fast scheint es so, als sei das Nachdenken ein Hindernis für das echte, authentische Leben. „Nicht Wissen und Verstehen", sondern „Erleben und Entscheidung, Stoß und Sprung" (S. 137) führen zum Glück. Das Leben soll gelebt werden. Wer nur über den Sinn des Lebens nachdenkt, wird nicht glücklich werden.

Erleben statt Verstehen

Als Haller das junge Mädchen wiedersieht, fällt dieser auf, wie sehr sich Haller seit ihrem letzten Zusammentreffen verändert hat: „Man kennt dich nicht wieder. Neulich hast du ausgesehen, als hätte man dich gerade vom Strick abgeschnitten, und jetzt bist du schon beinah wieder ein Mensch." (S. 139) Die **Metamorphose Hallers**, seine Verwandlung von einem Dahinvegetierenden, einem potenziellen Selbstmörder hin zu einem glücklichen und ausgeglichenen Menschen, ist also in Gang gesetzt worden. Wie im **klassischen deutschen Bildungs- und Entwicklungsroman** ist es eine neu auftauchende, den Helden für eine bestimmte Zeit seines Lebens begleitende Randfigur, die eine Veränderung im Denken und Handeln des Protagonisten auslöst. Um zum Ziel zu gelangen, bedarf der Mensch Impulse und Anregungen von außen. Eingeigelt in seine subjektiv-bornierte Welt kann er nur schwerlich neue Wege gehen. Weil neben Hermine noch weitere Figuren Harry für eine bestimmte Zeit begleiten, wird in der literaturwissenschaftlichen Forschung diskutiert, ob der Roman „Der Steppenwolf" auch ein Entwicklungsroman ist. Für eine solche Deutung spricht, dass Haller am Ende des Romans ein anderer Mensch als zu Beginn ist und von Selbstmord nicht mehr redet. Es ist eine Begleitfigur wie Her-

Metamorphose

klassischer Bildungs- und Entwicklungsroman

mine, die den Helden aus dem Gefängnis seiner Persönlichkeit befreit. Auf der anderen Seite steht jedoch das eher offene, kontrovers gedeutete Ende des Romans und Harrys zum Teil unverständliches Verhalten im Magischen Theater.

Mit diesem zweiten Treffen beginnt der „Unterricht". Das junge Mädchen mit einem Knabengesicht gibt endlich seinen Namen preis, der Haller an einen Jugendfreund erinnert. Das im Roman häufig auftretende **Spiegel-Motiv** wird nun erläutert. Hermine klärt Harry darüber auf, dass sie ihm nur deshalb gefalle und wichtig sei, weil sie wie eine Art Spiegel für ihn sei, „weil in mir innen etwas ist, was dir Antwort gibt und dich versteht [...] Eigentlich sollten alle Menschen füreinander solche Spiegel sein" (S. 140), doch leider würden sich heute nur noch die Wenigsten direkt anschauen und füreinander interessieren. Eine Veränderung könne, so Hermine, nur dann eintreten, wenn sich die Menschen wirklich füreinander interessieren und sich aufeinander einlassen würden: „[...] ich brauche dich, wie du mich brauchst. Du brauchst mich jetzt, im Augenblick, weil du verzweifelt bist und einen Stoß nötig hast, der dich ins Wasser wirft und dich wieder lebendig macht. Du brauchst mich, um tanzen zu lernen, lachen zu lernen, leben zu lernen. Ich aber brauche dich, nicht heute, später, auch zu etwas sehr Wichtigem und Schönem. [...] Du wirst meinen Befehl erfüllen und wirst mich töten." (S. 143)

Motiv: Spiegel

Begegnung mit Pablo (S. 156ff.)

Einige Tage später lernt Harry eine weitere, für seine Entwicklung wichtige Person kennen, den **Saxophonspieler Pablo**. Ähnlich wie Hermine wird Pablo Harry Impulse vermitteln, die zu der Metamorphose des Helden wesentlich beitragen werden. Er wird als dunkler, schöner junger Mensch von wahrscheinlich südamerikanischer Herkunft beschrieben. Anfangs empfindet Harry ihm gegenüber Ei-

Pablo

fersucht und gar Verärgerung. Dieser „hübsche Caballero" (S. 160) scheint, so der erste Eindruck Hallers, nicht eben viel zu denken, ebenso wenig wie zu sprechen. Seine einzige Beschäftigung ist offensichtlich das Spielen mit seiner Jazzkapelle, er macht sich keine tieferen Gedanken. Der schlechte Eindruck, den Haller von Pablo hat, wird nach dem ersten Gespräch mit ihm bestätigt. Haller macht in diesem deutlich, dass er ein großes Wissen über Musiktheorie erworben habe, und kritisiert die Kulturlosigkeit des Jazz. Pablo aber lässt sich auf einen Streit über die Legitimität des Jazz nicht ein. Sein leeres Lächeln (vgl. S. 160) ärgert Haller. Hermine sorgt für Abwechslung, indem sie Haller mit einem außergewöhnlich hübschen Mädchen tanzen lässt, das ihn für einige Zeit auf andere Gedanken bringt. Durch das Tanzen mit diesem jungen Mädchen, von Hermine später als **Maria** vorgestellt, spürt Haller für einen Moment Entspannung und vergisst alle Tanzregeln und Pflichten, schwimmt einfach mit und lässt sich auf einer Welle der Euphorie mittragen. Hermine ist diese Veränderung aufgefallen. Im Tanzen habe Haller einen neuen Teil seiner Persönlichkeit entdeckt, die Botschaft des Traktats sei erstmalig mit Leben gefüllt: „Jeder Mensch besteht aus zehn, aus hundert, aus tausend Seelen." (S. 163) Erst wenn der Mensch bereit sei, bekannte und ihn einschränkende Regeln und Normen hinter sich zu lassen, könne er neue Bestandteile seiner Persönlichkeit erkunden, um auf diese experimentelle Weise ein neuer Mensch zu werden. Konkret sei seine Entscheidung, sich auf das tatsächliche Tanzen einzulassen, statt abgehoben über Musiktheorie zu schwadronieren, ein erster Schritt auf diesem langen Weg. Die im Traktat entfaltete Theorie von der Notwendigkeit der Auflösung der Persönlichkeit wird hier anschaulich mit Leben gefüllt, denn Haller bemerkt, dass „neue Seelen" (S. 166) in ihm emporsteigen. In Gesprächen mit Hermine, die therapeutischen Charakter haben, gesteht er ein, dass

Maria

neuer Mensch

Theorie des Traktats wird jetzt mit Leben gefüllt

das bisher von ihm bevorzugte Selbstbild das eines „ausgebildete[n] Spezialist[en] für Dichtung, Musik und Philosophie" (ebd.) gewesen sei. An diesem Selbstbild habe er deshalb festgehalten, weil es ihm Sicherheit und Orientierung garantiert habe. „[…] den ganzen Rest meiner Person, das ganze übrige Chaos von Fähigkeiten, Trieben, Strebungen hatte ich als lästig empfunden und mit dem Namen Steppenwolf belegt." (ebd.) Haller erkennt, dass diese Strategie ein Fehler und Ursache seines Leidens war. Um ein glücklicher, ausgeglichener und in seiner Totalität ausgebildeter Mensch zu werden, bedarf es daher der im Traktat bereits vorgestellten Auflösung der alten Persönlichkeit, man nennt diesen Vorgang auch **Ich-Dissoziation**. Erst die fortschreitende Zerstörung dessen, was bisher seine Persönlichkeit ausmachte, ermöglicht die Beschäftigung mit dem Neuen, Befreienden und bisher Unbekannten. Ich-Dissoziation

Diese innere Bereitschaft, Neues auszuprobieren, lässt Haller auch nicht davor zurückschrecken, Drogen zu konsumieren, die ihm Pablo anbietet. Doch auch wenn sich das Kokain als Mittel zur Betäubung von Schmerzen als hilfreich erweist, zum Erzeugen schöner Träume, „zum Lustigmachen und zum Verliebtmachen" (S. 170) erfolgreich beiträgt, bleibt Harry skeptisch. Drogen

In einem Gespräch stellt er Pablo zur Rede und fragt ihn, warum dieser sich bisher geweigert habe, an den von Harry mehrmals initiierten Diskussionen über Musik aktiv teilzunehmen. Pablo gibt eine Antwort im Sinne des Traktats: Es komme nicht darauf an, über Musik zu reden. Vielmehr gelte, „daß man so gut und so viel und so intensiv wie möglich musizier[e]!" (ebd.). Zwar sei Harrys geistiger und moralischer Anspruch, der in gesellschaftliche Isolierung und Melancholie führe, aller Ehren wert, da er seine Fähigkeit zur Analyse beweise. Doch egal ob es um Musik- oder Gesellschaftstheorie gehe, jedes Mal vergesse der Steppenwolf, sich in der Welt zu betätigen. Auch eine als dekadent erkannte Welt müsse ertragen werden, Musiktheorie helfe nicht weiter, das tatsächliche Tanzen aber sehr wohl, da es Ablenkung und Unterhaltung garantiere.

Dominanz der Gespräche

Auch hier zeigt sich wie schon in der Kommunikation zwischen Harry und Hermine eine Dominanz der **Gespräche** gegenüber den Handlungen. In Hesses „Steppenwolf" dominiert die innere Handlung gegenüber der äußeren Handlung. Dies wird sichtbar in den reflexiven Gesprächen zwischen den Protagonisten, welche die wenigen Momente der äußeren Handlung theoretisch untermauern. Für die innere Entwicklung des Steppenwolfs sind diese Gespräche von zentraler Bedeutung, da sie ihn in seinem Handeln bestärken und neue Horizonte eröffnen.

Maria (S. 172ff.)

Neben Pablo kommt auch Maria eine wichtige Rolle im Kontext der Metamorphose Harrys zu. Die junge, attraktive Prostituierte liegt eines Abends nackt auf seinem Bett. Gerade erst war der Künstler von einem ihn traurig machenden Kirchenkonzert heimgekehrt und drohte, in alte Verhaltens- und Denkmuster zurückzufallen, als er die schöne, von Hermine gesandte Frau auf seinem Bett vorfindet. Obwohl er Angst hat, dass seine Vermieterin dies entdeckt und ihm wegen unsittlichen Verhaltens die Kündigung aussprechen könnte, lässt sich Harry von Maria verführen. Er muss erkennen, dass die „Liebkosungen Marias […] der wunderbaren Musik nicht weh[taten]", ja dass sie ihr sogar würdig waren und ihn erfüllten. (S. 177) Einmal mehr lernt er die Bedeutung der bisher von ihm als banal verachteten Tätigkeiten des normalen Lebens schätzen.

Schönheit und Erfüllung sexueller Erfahrung

Die bisher verdrängte Schönheit und **Erfüllung sexueller Erfahrung** wird Haller anschaulich vor Augen geführt. Er erkennt, wie wenig sinnvoll es war, die Sinnlichkeit zugunsten der Sittlichkeit zu vernachlässigen. Hingebungsvolle Sexualität hat – so die Erkenntnis aus den Liebesspielen mit der Prostituierten – nichts „Minderwertiges, Verbotenes und Entwürdigendes" (S. 179) an sich, sondern steigert die Lebensqualität, weil sie zum persönlichen Glück beiträgt. Haller spürt im Akt der geschlechtlichen Liebe mit der von ihm begehrten Maria, dass diese körperliche Liebe keinesfalls weniger wert ist als die „Ergriffenheit irgendeines Studienrats über den Tristan" (S. 180). Die „blühende Kinderrührung" (S. 179) Marias enthüllt ihm in ihrer Einfachheit und Klarheit eine neue Welt. Haller empfindet dies als unendlichen Gewinn, da er als Theoretiker bisher weitgehend „leer und arm und bilderlos" (S. 181) gelebt habe.

Hallers Leben hat sich durch den Einfluss Hermines gewandelt: Indem Hallers Spiegelbild ihn mit Pablo und Maria zusammenbringt, werden die Gedanken an den Suizid zurückgedrängt. Für wenige Augenblicke erkennt Haller im und nach dem Liebesspiel mit Maria auf dem „Trümmerfeld [s]eines Daseins" ein „göttliches Fragment" (S. 183), fühlt sich erfüllt und glücklich. Dass Pablo ihm einige Tage später eine „Liebesorgie zu dreien" (S. 186) anbietet, überrascht da nicht. Auch wenn Haller zur Enttäuschung Marias ablehnt, scheint die Botschaft Hesses klar: Das Plädoyer für Bisexualität passt in die im Traktat entfaltete Gedankenwelt, dass gerade die Festlegung auf einen bestimmten Bereich des Selbst, in diesem Fall auf die übliche Heterosexualität, problematisch sei. Haller könnte neue Welten seiner verschütteten Persönlichkeit entdecken, wenn er sich auf dieses Abenteuer einließe. Die Ursachen seiner Ich-Krise sind Harry nun bewusst. Er verfügt jetzt über die notwendigen inneren Voraussetzungen für die Teilnahme am Maskenball und Magischen Theater. Dies beweist er in einem Gespräch mit Hermine. Harry gesteht, dass es richtig war, sich auf die Ratschläge des Traktats und auf die Chance, die ihm Hermine eröffnet hat, einzulassen: „Ich bin geradezu glücklich." (S. 191) Hermine ist erfreut, dies

Voraussetzungen für die Teilnahme am Maskenball und Magischen Theater zu hören, und gibt sich damit – anders als Harry – zufrieden. Der Steppenwolf spürt, dass das gerade mit Maria genossene (sexuelle) Glück nicht von Dauer sein kann. Diese Tatsache macht Harry traurig. Außerdem äußert er seine Skepsis gegenüber dem aktuellen Glück, dieses sei „unfruchtbar" (S. 191), es mache ihn zufrieden und schläfere ihn ein. Sattheit und Zufriedenheit seien aber nicht Teil seiner Persönlichkeit.

Hermines Anti-Theorie (S. 192ff.)

Hermine holt nun zu einer letzten großen Antwort aus, in der sie alle bereits genannten Argumente in anschaulicher Weise wiederholt. Während Harry keinen anderen Ausweg als den Selbstmord oder aber lebenslanges Leiden sieht, betont Hermine die **Bedeutung der Unsterblichen**: Wer die Musik Mozarts, die Gedichte Goethes und andere Heilige kenne, der habe eine Möglichkeit, der Banalität des Alltags zu entkommen und für einen Augenblick die „Ewigkeit", die Wahrheit, das Absolute zu fühlen. Wie bereits im Traktat erwähnt, ist es also die Kunst, die das Leben des Menschen erhöht: „Es ist das Reich jenseits der Zeit und des Scheins." (S. 197) Hermine betont also, dass es möglich sei, als Mensch das „heilige Jenseits, das Zeitlose, die Welt des ewigen Wertes, der göttlichen Substanz" (S. 198) zu erfahren. Und weil man als auserwählter, heiliger Mensch – wenn auch nur für einen Augenblick – diese göttliche Spur im eigenen irdischen Leben erahnen könne, sei ein sinnerfülltes Leben durchaus möglich. Wunsch und Wirklichkeit sind demnach prinzipiell in Einklang zu bringen. Da Harry Hermine in ihrer Analyse seiner Situation zustimmen muss – was kein Wunder ist, weil sie seine Gedanken im Grunde bloß paraphrasiert und narzisstisch spiegelt –, erscheint er nun bereit für die kommenden Abenteuer, die Reise ins Ich, ins eigene Innere im Rahmen des Maskenballs und Magischen Theaters. Wenn Hesse die

Bedeutung der Unsterblichen

Bedeutung der „Welt des ewigen Wertes“ (S. 198) betont, wird sein konservatives Kulturverständnis deutlich. Offensichtlich glaubt er noch an die Überlegenheit des bildungsbürgerlichen Wertekanons, der Goethe und Mozart als außergewöhnliche Künstlerheroen verehrte. Manche Interpreten haben in Hesses Plädoyer für die klassischen und romantischen Bildungstraditionen des 19. Jahrhunderts einen Widerspruch zu der von Haller geäußerten Kritik am Bildungskanon des Bürgertums seiner Zeit gesehen.

Nach einer letzten berauschenden Liebesnacht mit Maria nimmt Harry von seiner Geliebten Abschied und bereitet sich für den Maskenball vor. Am Abend dieses Festes findet Harry Zerstreuung in einem Kino. Gezeigt wird eine Verfilmung der Exodus-Geschichte. Deren Kernstellen sind die Flucht durch das Rote Meer sowie der Empfang der Zehn Gebote durch Mose. Hesse nimmt an dieser Stelle eine Umwertung der mythologischen Erzählung vor: Während die abendländisch-jüdische Tradition mit Stolz auf das Entstehen von Gesetzen – mythologisch gefasst durch die Moses-Geschichte am Sinai – zurückblickt und das als Fortschritt deutet, wird dies von Haller bei der Kinoaufführung ganz anders wahrgenommen. Schließlich weiß er, dass die Normen und Gesetze im Gefolge der Zehn Gebote ursächlich für das Ziehen von Grenzen sind. Diese Grenzen aber engen seine Persönlichkeit in unerträglicher Weise ein. Insofern bereitet der Kinofilm auch auf den Maskenball und das Magische Theater vor, denn genau die im Film bereits angedeutete „unio mystica“ – gemeint ist ein Vorgang, bei dem das individuelle Bewusstsein und die einzigartige Persönlichkeit aufgehoben werden – wird im Magischen Theater als Auflösung der Individuation realisiert werden.

Kinofilm: Mose

Umwertung des Mythos

Maskenball (S. 208 ff.)

Harry erreicht nun etwas verspätet die Globussäle. Der Maskenball ist dort bereits in vollem Gang. Die Räumlich-

Maskenball

keiten sind von Künstlern, Journalisten, Gelehrten und Geschäftsleuten überfüllt. Nach kurzer Eingewöhnungszeit macht sich der Steppenwolf auf die Suche nach Hermine. Die Suche bleibt vergeblich und je länger sie dauert, desto resignierter und enttäuschter reagiert Haller. Bald fällt er sogar in längst vergessen geglaubte Verhaltensmuster zurück und lässt sich wie ein alter, resignierter Mann traurig an der Theke einen Wein ausschenken. Um ein Uhr nachts pirscht Haller „enttäuscht und böse" (S. 210) zur Garderobe zurück, um seinen Mantel zu holen und zu gehen. Als er seine Nummer, die seinen Mantel identifiziert, nicht wiederfindet, drückt ihm ein als Teufel maskierter Mann eine kleine „Kartonmünze" in die Hand, auf der Haller bei näherem Hinsehen jedoch keine Nummer, sondern ein kaum lesbares Gekritzel wahrnimmt: *„Heut nacht von vier Uhr an magisches Theater – nur für Verrückte – Eintritt kostet den Verstand. Nicht für jedermann. Hermine ist in der Hölle."* (S. 211) Diese Nachricht ändert alles. Eben noch gewillt, müde und lustlos nach Hause zu gehen und wieder in den alten Steppenwolftrott zurückzufallen, fühlt er sich nun jung, elastisch und bemüht sich, in die „Hölle" (ein im Keller befindlicher Raum) zu kommen. Analog zum Drei-Instanzen-Modell nach Sigmund Freud kann an dieser Stelle auf die symbolische Bedeutung des Raumes hingewiesen werden (s. S. 90), denn in dieser „Hölle" werden Dinge passieren, die man dem ES, also der Triebwelt des Menschen, zurechnen kann und die Haller bisher deshalb nicht bewusst waren, weil sie vom ÜBER-ICH unter Kontrolle gehalten wurden.

symbolische Bedeutung des Raums

An der Bar entdeckt Harry einen eigentlich von ihm schon vergessenen Menschen, seinen Jugendfreund Hermann, doch schnell stellt sich heraus, dass es sich in Wirklichkeit um die verkleidete Hermine handelt. Die Tatsache, dass Harry die Kurtisane für einen Mann hält, ist Teil des „hermaphroditische[n]" Zaubers (S. 214). An diesem

Abend sollen die Grenzen – in diesem Fall die der Geschlechter – aufgeweicht werden. Es geht um ein „Liebesvermögen", das „nicht nur beide Geschlechter, sondern alles und jedes umfaßt". (S. 214) So wie Geist und Natur, Sittlichkeit und Sinnlichkeit sollen auch männliches und weibliches Prinzip vereint werden. Die Gegensätzlichkeit der Geschlechter wird also als Hindernis für die Selbstverwirklichung angesehen. Um für einen Zustand zu sorgen, in dem „alles […] von Eros durchschienen" (S. 178) ist, bedarf es der Bereitschaft, die Grenzen des Geschlechts zu ignorieren. Dabei geht nicht nur die bisher gültige sexuelle Orientierung verloren, sondern auch die Wirklichkeit und die eigene Identität: **„Alles war Märchen**, alles war um eine Dimension reicher, um eine Bedeutung tiefer, war Spiel und Symbol." (ebd.; Hervorhebung: T. S.)

Synthese von männlichem und weiblichem Prinzip

„Alles war Märchen"

Die Welt, in die Harry eintaucht, scheint nicht real zu sein. Treibende Kraft ist der Tanz, dessen Einfluss dafür sorgt, dass Harry sich selbst im Rausch der Festgemeinschaft „vergisst". Die vom Verfasser des Traktats zuvor bereits gepredigte Zerstörung der Persönlichkeit wird endlich eingelöst, Harry spricht vom „Untergang der Person in der Menge, von der Unio mystica der Freude". (S. 216) Jetzt endlich, im Alkohol- und Drogenrausch, wild tanzend und jeden Menschen liebend, löst sich das Grundproblem auf: die Identität als Ergebnis von starker Individuation und Differenzierung des einzelnen Menschen – „Ich war nicht mehr ich, meine Persönlichkeit war

Hermann Hesse: Maskenball (Aquarell 1926)

Entindividuation

Bilder und Visionen statt Realität

aufgelöst im Festrausch wie Salz im Wasser." (S. 217) Das Bild (S. 59) – eine Zeichnung Hesses – veranschaulicht diesen Gedankengang und betont das Chaos, die Anarchie und den für den Prozess der **Entindividuation** erforderlichen Vorgang des Abbaus von Grenzen, die bisher die Einheit der Person garantierten. Endlich kann Harry Augenblicke des Glücks erleben, weil er sein altes Leben als intellektueller Außenseiter hinter sich lässt, es ebenso vergisst wie die Zeit und die Reflexion (Vertiefung in einen Gedankengang): „Es gab keine Gedanken mehr." (S. 218) Harry sieht ein, dass seine eigene, streng abgegrenzte Persönlichkeit das Problem ist. Sie ist das Gefängnis, aus dem er entkommen muss, wenn er andere, untergegangene Persönlichkeitsinhalte an die Oberfläche seines Ichs holen möchte. Das ist das Motiv, das ihn den letzten Schritt tun lässt, den Weg in das Magische Theater, das aus Bildern und Visionen besteht, nicht aus realen Geschehnissen. Damit wird das real, was zuvor in der Theorie des Traktats auf abstrakte Art und Weise analysiert wurde.

Wie Traktat und Magisches Theater zueinander stehen

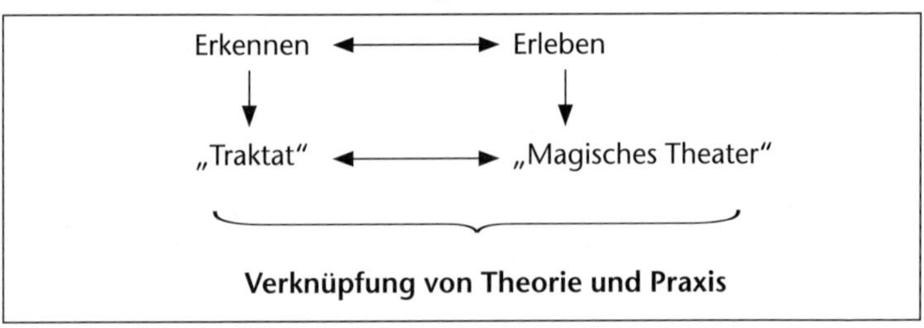

Rausch der Gemeinschaft

Magisches Theater

Der **Rausch der Gemeinschaft**, den Harry hier erfährt, qualifiziert den Protagonisten endlich für den Höhepunkt des Romans, das Magische Theater. Dass das Erlebnis des Magischen Theaters kein reales ist, wird kurz vor dem Betreten des Theaters deutlich. So spürt Harry den Blick Hermines und ist sich sicher, dass seine „arme kleine Seele"

(S. 221) ihn selbst mit den Augen seiner Freundin anguckt.

Pablo wird Harrys Führer durch das Magische Theater. Dabei lässt er keinen Zweifel daran, dass das Kommende als Reise ins eigene Innere anzusehen ist: Es ist „die Welt Ihrer eigenen Seelen […], die Sie suchen […]. Ich kann Ihnen nichts geben, was nicht in Ihnen selbst schon existiert, ich kann Ihnen keinen andern Bildersaal öffnen als den Ihrer Seele. Ich kann Ihnen nichts geben, nur die Gelegenheit, den Anstoß, den Schlüssel. Ich helfe Ihnen, Ihre eigene Welt sichtbar machen, das ist alles". (S. 224)

Reise in das eigene Innere

Dafür muss Harry seine gelehrte Persönlichkeit an der Garderobe abgeben, den alten Steppenwolf gilt es umzubringen. Das Endziel des Theaters nennt Pablo nun noch vor dessen Beginn. Harry soll das Lachen lernen, erst der Humor sorgt dafür, dass man die eigene Persönlichkeit nicht mehr so ernst nimmt. (vgl. S. 226) Wie bereits gesehen, ist es gerade dieses Ernstnehmen der eigenen Persönlichkeit, das das melancholische Wesen des Künstlers oder Wissenschaftlers wie z. B. Goethes Faust ausmachte. Darin genau besteht die Problematik der Künstlerpersönlichkeit, dass sie sich selbst zu ernst nimmt und andere Identitätsentwürfe nicht zulassen will. Einmal festgeschrieben, ist der Künstler immer der Künstler, und damit auch immer ein Außenseiter. Seine Rolle ist festgelegt. Dies soll nun in den Visionen des Magischen Theaters anders werden. Unter Anleitung Pablos, des Regisseurs des Theaters, soll Haller seinem verborgenen Selbst begegnen, um so seine Individualneurose zu therapieren.

Visionen (S. 228 ff.)

Nachdem Harry seine „Persönlichkeitsbrille weggeworfen" (S. 228) hat, betritt er den Korridor des Magischen Theaters und blickt in einen Wandspiegel. Dieser ist „voll von lauter Harrys oder Harry-Stücken" (ebd.), die durcheinanderspringen und ihm die Orientierung unmöglich machen. Harry folgt einer der weglaufenden Figuren, liest an einer

Technikkritik

Tür die Aufschrift *„Auf zum fröhlichen Jagen! Hochjagd auf Automobile"* (S. 230) und betritt den Raum. Was folgt, ist eine große, wilde Vision, in der Harrys bekannte **Kultur-, Technik- und Zivilisationskritik** veranschaulicht und bestätigt wird. In der chaotischen Welt, in der Harry sich nun aufhält und in der die Toten und Zerfetzten überall auf der Straße herumliegen, kämpfen die Menschen gegen die Maschinen. Die Menschen sind sogar dazu aufgerufen, „die Fabriken anzuzünden und die geschändete Erde ein wenig auszuräumen und zu entvölkern, damit wieder Gras wachsen" kann. (S. 231) Die bedrohliche Welt, die Harry betreten hat, ist geprägt von Anarchie und zügelloser Gewalt. Diese ist jedoch legitimiert, da sie sich gegen die als menschenfeindlich erkannte Technik richtet.

Kulturpessimismus

Die Kritik an der Technik ist Teil des zur Zeit des Expressionismus (1910–1925) populären **Kulturpessimismus**. Seit der Epoche der Aufklärung ab der Mitte des 18. Jahrhunderts haben die Menschen daran geglaubt, dass sie ihr Leben durch den technisch-wissenschaftlichen Fortschritt verbessern könnten. Mithilfe der Vernunft, ihres eigenen Geistes und der Tatkraft sollte das Leben der Menschen immer weiter verschönert, ein Paradies auf Erden erreicht werden. Der fortschreitende Wohlstand, der sich vor allem durch die Industrialisierung und den Siegeszug des Kapita-

Fortschrittsoptimismus der Aufklärung

lismus einstellte, war nicht zu übersehen. Der Fortschrittsoptimismus der Aufklärung schien lange Zeit berechtigt. Doch bald waren gesellschaftliche, soziale und auch ökonomische Probleme deutlich zu erkennen. Der radikale Manchester-Liberalismus[1] sorgte für großen Reichtum einer kleinen unternehmerischen Minderheit und für zerstö-

[1] Der geschilderte ökonomisch-gesellschaftliche Wandel vollzog sich in seiner Radikalität zuerst im frühindustrialisierten England des 19. Jahrhunderts.

rerische Armut auf der großen Seite der abhängig Beschäftigten (Proletariat). Das Wachstum der Städte ermöglichte den Menschen zwar einerseits, dort Arbeit zu finden, andererseits wurden sie in der pulsierenden Millionenstadt anonym, einsam und kaum noch als Individuen wahrgenommen.

Wirkung der Moderne auf das Individuum

Die Moderne wurde von dem Einzelnen zu Beginn des 20. Jahrhunderts zunehmend als bedrückend und gefährlich empfunden, ihr Tempo überforderte viele Menschen und riss sie aus uralten, gewachsenen Zusammenhängen. Auf traditionelle Werte ist kein Verlass mehr, die Normen und Denkmuster der bürgerlichen Gesellschaft des vorangehenden Jahrhunderts wurden durch die schnelle Entwicklung fragwürdig.

Friedrich Nietzsche (1844 – 1900)

Auch philosophisch wird die **Krise der Moderne** gespiegelt: Friedrich Nietzsches Theorie des Nihilismus behauptet den Tod Gottes und setzt voraus, dass der Mensch auf sich allein gestellt ist. Sigmund Freuds Entdeckung des Unbewussten beendet den Glauben des Menschen an seine Autonomie und Überzeugung, Herr seines eigenen Lebens zu sein. In Kombination mit einer als im Verfall begriffenen, zunehmend amerikanisierten Kultur empfanden viele Menschen diese Veränderungen als Überforderung und Zumutung, denen ein Ende gemacht werden müsse. Hesse teilte diese Ansicht. Er sah in dem Wunsch der Menschen nach Krieg, in einer sich ausbreitenden Endzeitstimmung („Fin de Siècle") die logische Folge einer den Menschen immer weiter anonymisierenden und isolierenden Moderne: Die Moderne müsse im Krieg zerstört werden. Erst wenn alles zerstört sei, könnte ein neuer Aufbau einer dem Menschen dienenden Zivilisation beginnen.

1. Vision im Magischen Theater (S. 230 ff.)

Die erste Vision, die Haller im Magischen Theater erlebt, kann als Ausdruck dieses Kulturpessimismus Hesses verstanden werden. Haller empfindet die „allgemeine Zerstörung der blechernen zivilisierten Welt“ (S. 232) als sinnvoll, er schließt sich dem Kampf an und trifft seinen ehemaligen Schulfreund Gustav wieder, der sich dem bewaffneten Widerstand angeschlossen hat. Die beiden finden an einem See ein Versteck, aus dem sie auf herannahende Fahrzeuge schießen können. Den Fahrer eines Lastwagens erschießt Harry, der nächste fällt Gustav zum Opfer. Die Brutalität und Gleichgültigkeit, mit der die beiden bei ihren Morden vorgehen, ist zu beachten. Das Leben der von ihnen Getöteten hat keinen eigenen Wert mehr, das Töten selbst ist das Ziel, nicht die jeweilige Person: „Es ist aber in der Tat gleichgültig, wie die Leute heißen, die wir da umbringen. Sie sind arme Teufel wie wir, auf die Namen kommt es nicht an. Diese Welt muß kaputtgehen und wir mit. Sie zehn Minuten unter Wasser zu setzen, wäre die schmerzloseste Lösung.“ (S. 235) Der aus diesen Sätzen sprechende menschenverachtende Fatalismus Hesses ist zu Recht kritisiert worden.

Fatalismus Hesses?

Im nächsten Auto sitzt ein Oberstaatsanwalt. Auch dies ist natürlich kein Zufall. Ein Oberstaatsanwalt steht für die Legitimität der staatlichen Ordnung, er ist von der Sinnhaftigkeit seiner Welt überzeugt und verfolgt diejenigen, die gegen diese Ordnung agieren. Wer wie der Staatsanwalt für eine Ordnung einstehe, die Menschen zerstöre, müsse sich nicht wundern, zur Verantwortung gezogen zu werden. Gustav hat nichts dagegen, dass „diese dumme, verstopfte Welt in Scherben geht“. (S. 238) Das wahllose Töten ihrer Opfer erinnert an die bereits angesprochene Gefühlskälte des Traktats und lässt das notwendige verantwortungsvolle Bewusstsein für den Wert und die Würde des Individuums vermissen, die auch einem Staatsanwalt zustehen. Die abschreckende Vision der Massentötungen endet damit, dass Haller ins Leere stürzt, seine Traumfantasie also abrupt endet.

2. Vision im Magischen Theater (S. 244 ff.)

Die Inschrift an der Tür des nächsten Raumes lautet: *„Anleitung zum Aufbau der Persönlichkeit. Erfolg garantiert."* (S. 244) Auf dem Boden des kleinen Raumes sitzt ein Mann, ein Schachspieler, der Harry um die Aushändigung von ein paar seiner Figuren bittet. Ohne diese könne er ja nicht spielen. Der Mann hält Haller einen Spiegel vor, in welchem dieser die Einheit seiner Person in viele Ichs zerfallen sieht. (vgl. S. 245) Die aus dem Spiegel herausrutschenden Figuren werden von dem Mann auf einem Schachbrett in immer neuen Anordnungen aufgestellt. Die dem Leser mittlerweile vertraute und von dem Spieler wiederholte Erkenntnis, dass der Mensch aus mehr als nur einem Ich bestehe, gipfelt in der Behauptung, dass Schizophrenie keine Krankheit, sondern ein wünschenswerter Zustand sei. Jeder Mensch bestehe aus einer Menge von Seelen, von denen – anders als es die moderne Psychiatrie meint – keine die Oberhand gewinnen dürfe. Es sei ein Fehler, Menschen mit mehr als einer Persönlichkeit – Schizophrene also – als krank und bedauernswert hinzustellen. Der nur vermeintlich kranke, schizophrene Mensch halte vielmehr seinen Finger in die Wunde des fälschlichen Glaubens an eine Einheit des Ichs. Seine theoretischen Ausführungen demonstriert der Schachspieler mithilfe der Schachfiguren: Die verschiedenen Harry-Figuren ordnet er zu einem neuen Spiel an, stellt die Figuren mal gruppenweise, mal isoliert auf und schafft so jeweils „eine Welt im kleinen". (S. 247)

Zerfall des Ichs

Schizophrenie als wünschenswerter Zustand

Schach-Metapher

Haller ist entzückt von der Schach-Metapher, die ihm die abstrakte Botschaft des Traktats anschaulich darstellt.

3. Vision im Magischen Theater (S. 248 ff.)

Das Plakat vor dem nächsten Raum trägt die Aufschrift *„Wunder der Steppenwolfdressur"* (S. 248). Der Steppenwolf trifft in dieser in einer Jahrmarktsbude spielenden Episode auf einen Dompteur, der einen wilden Wolf an einer Leine führt. Der Dompteur hat den Wolf gezähmt. Der Wolf gehorcht – entgegen seiner Natur – auf jeden Befehl. Dass das Verhalten des Wolfes nicht seiner Natur entspricht und als krankhaft einzuschätzen ist, wird deutlich, als dieser ein Kaninchen verschmäht und statt dessen aus der Hand des Menschen ein Stück Schokolade zu sich nimmt. Haller stehen die Haare zu Berge, zu offensichtlich ist das unnatürliche Verhalten des Tieres. Bald werden die Rollen vertauscht: Nun muss der Dompteur dem Wolf gehorchen, der ihn an der Leine führt und zwingt, ein Lamm und ein Kaninchen roh zu fressen, statt den Verlockungen eines jungen Mädchens nachzugeben, die auf der Bühne erscheint. Beide kurzen Geschichten betonen anschaulich die **Gesellschaftskritik** des Romans. In einer Gesellschaft, in der das Tier vermenschlicht und der Mensch zum Tier degradiert wird, kann man nur unglücklich sein. Anzustreben ist vielmehr eine Gesellschaftsordnung, die der Natur des Menschen gerecht wird. Wie aber hat solch eine Gesellschaft konkret auszusehen? Darüber schweigt der Roman oder macht nur vage Andeutungen, die dem Leser keine konkreten Handlungsalternativen und Hilfen anbieten.

allgemeine Gesellschaftskritik

keine konkreten Handlungsalternativen

4. Vision im Magischen Theater (S. 252 ff.)

Die Aufschrift der Tür des vierten Raumes lautet *„Alle Mädchen sind dein"* (S. 252). In dem Raum erfolgt auf fantastische Weise eine Verjüngung des Helden. Haller ist nun wieder fünfzehn oder sechzehn Jahre alt. Er fühlt die Sehnsucht und „auflösende Leidenschaft" (ebd.) wieder, die ihn als Pubertierender beim Anblick junger Damen befiel. Er erinnert sich in der Vision an einen Sonntagnachmittag, an an dem er Rosa Kreisler traf, seine erste, leider unerfüllte Liebe. Er war „voll banger Erwartung" (S. 254), als ihm damals das wunderschöne Mädchen entgegengekommen war. Doch ihre „bange süße Lust und Angst" (ebd.) auslösende Präsenz hatte den Jungen derart verunsichert, dass er trotz aller Sehnsucht nach dem Mädchen nicht den Mut aufgebracht hatte, es anzusprechen. Dieses Verhalten wird als Fehler dargestellt. Hallers jetziges Verhalten in der Vision unterscheidet sich daher von dem bereits stattgefundenen in der Realität: Er spricht das Mädchen an und gesteht ihr seine Liebe. Rosa reagiert auf das Liebesgeständnis Harrys in erhoffter Weise, die beiden gehen glücklich Hand in Hand weiter. Die Liebe zu Rosa wird in dieser vierten Vision des Eros, durch die Liebe zu anderen Mädchen abgelöst. Der verjüngte Harry handelt bei allen ähnlich. Statt ängstlich-verschüchtert den geliebten Mädchen hinterherzusehen, packt er seine Chance am Schopfe. Er spricht sie an, gesteht ihnen seine Liebe, hat Glück oder scheitert. In jedem Fall – so die Botschaft – ist aktives Handeln besser als bloßes Zusehen. Das sexuell Versäumte wird nachgeholt und ausgelebt.

Vision des Eros

sexuell Versäumtes wird nachgeholt

Letzte Vision im Magischen Theater (S. 260 ff.)
Die Aufschrift der Tür des nächsten Raumes des Magischen Theaters lautet *„Wie man durch Liebe tötet"* (S. 260). Die Stimmung hat sich gewandelt, Harry ist nun verängstigt und müde. In seiner Hosentasche findet er ein Messer, beim Blick in den Spiegel schaut ihn ein Wolf an. Es scheint, als falle Haller in die alten Denk- und Handlungsmuster zurück, die er als Steppenwolf jahrzehntelang realisiert hat. Der Unsterbliche Mozart erscheint, er spürt die Gefahr und tadelt den Steppenwolf abfällig–beleidigend. Genau in diesem Moment verliert Haller sein Bewusstsein. Als er aufwacht, findet er sich auf dem Boden des Korridors wieder. Ein Spiegel zeigt ihn als alten und hoffnungslosen Mann. Er

schleppt sich weiter, doch an keiner Tür steht eine Inschrift. Er gelangt dann in einen Raum, in welchem Pablo und Hermine – tief erschöpft vom Liebesspiel – nackt beieinanderliegen. Ohne langes Überlegen stößt Haller Hermine sein Messer unter ihre linke Brust, Hermine schaut ihn dabei verwundert an. Er sieht ihrem Sterben ungerührt zu.

Tötung Hermines durch Harry

Die Tötung Hermines durch Harry hat kontroverse Deutungen erfahren: Die einen sehen in ihr ein logisches, positives Ende. Da Hermine bloß ein Alter Ego (anderes Ich) Harrys und gar keine reale Figur sei, könne er sie nach erfolgtem Gang durch das Magische Theater töten, da er sie nicht mehr benötige. Als Teil seiner Selbst, den er auf seiner einseitigen Suche nach Kunst und Kultur versäumt habe auszuleben, sei sie nun für Harry nicht mehr wichtig. Interpreten, die zu dieser Deutung neigen, sehen im Roman „Der Steppenwolf" eine besondere Form des deutschen Bildungs- und Entwicklungsromans. Der Held ist nach einer Zeit, in welcher er Hilfe von außen bedurfte, nun autonom und kann seinen Weg allein weitergehen. Auf der anderen Seite erscheint diese positive Romandeutung etwas kurios, denn es ist nicht ersichtlich, warum Haller im Fall einer guten Persönlichkeitsentwicklung Hermine töten muss. Eine solche Entscheidung scheint nicht zwangsläufig zu sein, ihre Notwendigkeit ist nicht ersichtlich. Und so sehen manche Interpreten in der Ermordung Hermines ein Indiz für das Scheitern Harrys, dessen Eifersucht auf Pablo zum Mord an dessen Geliebter führt: Man tötet nicht das, was einem hilft und was man liebt. Dieser Theorie entsprechend, wird der Roman als **Antibildungsroman** bezeichnet. Anders als z. B. im berühmtesten deutschen Bildungsroman, Goethes „Wilhelm Meister", gelinge die Integration des Individuums in die Gesellschaft nicht. Ein Mord, die Vernichtung eines Menschen – und sei es auch nur als Vision –, könne nicht am Ende der unterstellten positiven Per-

kontroverse Deutungen der Tötung

Scheitern Harrys

Antibildungsroman

sönlichkeitsentwicklung des Helden stehen. Hinzu kommt, dass in dem den Roman abschließenden Gespräch Hallers mit dem Unsterblichen Mozart dieser die Ermordung Hermines für falsch hält. (vgl. S. 270) Es gibt keine eindeutige Antwort darauf, ob Hallers Entwicklung glückt oder nicht. Der Roman hat ein eher **offenes Ende.**

offenes Ende

Gespräch mit Mozart

Daran ändert auch das abschließende Gespräch mit Mozart nichts. Als hätte er in den vorangegangenen Wochen und im Magischen Theater nichts gelernt, kritisiert Harry den Unsterblichen für dessen Radiokonsum. Der „scheußlich[e] Apparat", das Radio als letzte „siegreiche Waffe im Vernichtungskampf gegen die Kunst" (S. 271), könne der Magie der Musik nicht gerecht werden. Klassische Musik könne nicht durch ein Medium festgehalten, übertragen und abgespielt werden. Der magische Moment, in dem sich der der Kunst ausgesetzte Mensch dem Absoluten nahe fühle, könne nicht auf Knopfdruck herbeigeführt werden. Der erneuten Kritik an der Technik der Moderne entgegnet Mozart mit Ironie. Er gesteht ein, dass das Radio ein lächerlicher Apparat sei, doch hinter seinem „idiotischen Schleier" (ebd.) könne man sehr wohl am Absoluten teilhaben, die „ferne Gestalt dieser Göttermusik vorüberwandeln" (ebd.) hören. Wenn man als Konsument ein Musikstück Händels über das Medium des Radios höre, dann sei das trotz aller Unzulänglichkeiten (gegenüber dem Live-Erlebnis) immer noch wertvoll. Mozart nutzt die Radio-Metapher als „Gleichnis alle[n] Lebens". (S. 272) Die Erscheinung – das Gehörte – sei zwar unzureichend und häufig defizitär, z. B. indem die Töne mit einem Rauschen versehen oder verzerrt seien, doch sei die Wahrheit der Musik, das Absolute, die Ewigkeit, immer noch präsent und spürbar. Das Radio verderbe, verkratze und verschleime (vgl. S. 272) zwar die Schönheit der Originalmusik, könne aber deren Geist nicht umbringen. Deshalb lohne es sich, ihr zuzuhören. Genauso lohne es sich, das

Radio-Metapher

Leben zu leben, sich ihm zu stellen und sich in ihm zu bewehren: „Das ganze Leben ist so, mein Kleiner, und wir müssen es so sein lassen, und wenn wir keine Esel sind, lachen wir dazu." (S. 272f.) Es gelte – und damit wird erneut und abschließend die Botschaft des Traktats wieder aufgenommen –, Humor zu lernen.

Auf der vorletzten Seite des Romans verwandelt sich Mozart in Pablo, der zuerst auch seine Enttäuschung über das Verhalten Harrys kundtut. Beiläufig steckt er Hermine, die zu einer Spielfigur „verzwergt" (S. 278), in seine Tasche. Er weist Harry darauf hin, dass sich das Spiel korrigieren lasse. Harry scheint nun zu begreifen, er ist bereit, das Spiel nochmals zu beginnen und sich den Herausforderungen des Lebens zu stellen: „Einmal würde ich das Lachen lernen. Pablo wartete auf mich. Mozart wartete auf mich." (Ebd.)

Hintergründe

Hermann Hesse – eine Kurzbiografie

Hermann Hesse (1877–1962) ist einer der bedeutendsten deutschen Autoren des 20. Jahrhunderts. Sein großer literarischer Erfolg beim Massenpublikum steht dabei zum Teil im Widerspruch zum Ansehen des Autors in der Germanistik. Während sich viele Leser von der Sprache und den Themen Hesses gefangen nehmen lassen und zu begeisterten Hesse-Fans werden, lehnen einige Literaturkritiker die Dichtungen Hesses als banal oder stark konservativ, rückwärtsgewandt ab. Wie auch immer man sich bei der Frage der Bewertung der Werke Hermann Hesses positioniert, der Mensch Hesse sorgt in jedem Fall für allseitiges Interesse. Wie lässt sich das fortlaufende Interesse auch und gerade an der Person Hermann Hesse erklären? Ein kurzer Blick auf das Leben des Dichters und einige bewusst ausgewählte und hervorgehobene zentrale Stationen können für Klarheit sorgen, indem sie Zusammenhänge zwischen Leben und Werk verdeutlichen:

Zuspruch und Ablehnung: kontroverse Deutungen des Werks

Zeit seines Lebens war Hesse ein **Dichter der Krise**. In vielen seiner Werke geht es um die Versuche des Individuums, sein Leben in einer zunehmend inhumanen Gesellschaft erfüllend zu gestalten, um die Darstellung des Einzelnen, der versucht, sein eigenes Leben mit Sinn zu füllen, glücklich zu werden. Dieses zentrale Thema in der Dichtung Hesses steht in Zusammenhang mit der Biografie des Autors. Als hochbegabte, sensible Künstlernatur musste Hesse die geistige Enge und Begrenzungen im Rahmen einer streng pietistischen Erziehung durch seine frommen Eltern ertragen. Er durchlebte somit selbst die Krise des isolierten Einzelgängers in der bürgerlichen Gesellschaft, die er später dichterisch ausgestaltet hat.

Dichter der Krise

hochbegabtes, sensibles Kind

pietistische Erziehung

Am 2. Juli 1877 wird Hermann Hesse im Schwarzwälder Städtchen Calw geboren. Die Familie, in die der kleine Hermann hineingeboren wird, wird vom Großvater mütterlicherseits, dem Patriarchen Dr. Hermann Gundert, dominiert. Dieser hatte im Maulbronner Seminar Theologie studiert und war gleich nach seinem Abschluss als junger Mann nach Indien gezogen, wo er das Christentum missionierte und zu einem anerkannten Experten für indische Sprachen wurde. Der Großvater prägte durch seine akademische Ausstrahlung und die große Anzahl seiner Bücher das Denken seines Enkels stärker als Hermanns Eltern. Das Verhältnis Hesses war zu seinem Vater schon in der frühen Kindheit problematisch. Dem Vater ging es bei der Erziehung seiner Kinder insbesondere um die Weitergabe der pietistischen Frömmigkeit. Hermann sollte in Ehrfurcht vor Gott vor allem Demut und Unterwürfigkeit vermittelt bekommen, Autoritäten sollten akzeptiert und nicht hinterfragt werden, die Bibel galt als unantastbares Wort Gottes.

problematische Beziehung zum Vater

Auch Hesses Vater Johannes hatte einige wenige Jahre im Missionsdienst in Indien verbracht. Nach seiner Rückkehr heiratete er die verwitwete Marie Gundert. Hesse wuchs also in einem Elternhaus auf, dessen Atmosphäre sich aus einer Mischung aus pietistischer Frömmigkeit und indischer Weltläufigkeit speiste. Dem **Pietismus** geht es um Werte der Entsagung, der Bekehrung und Wiedergeburt. Hier werden Denkweisen und Werte wie Versenkung (Konzentration auf etwas), Prüderie, Fleiß, Mission (Ver-

enge geistige Atmosphäre im Elternhaus

Hermann Hesse als Vierjähriger

breitung des Glaubens), Demut und Gesetzlichkeit hochgehalten.

Aufbegehren des jungen Hesse

Hesse wurde zunehmend unwilliger gegenüber der geistigen Enge und Begrenztheit des elterlichen Denkens und begehrte auf. Die Eltern versuchten, sich dagegen zu wehren: Sie schickten ihren Sohn auf eine Missionsschule (Internat in Basel), obwohl sie selbst nur wenige Meter entfernt wohnten. Später besuchte Hesse die Lateinschule in Calw. Auch hier erfuhr der junge Hesse analog zu seinen Erfahrungen im Elternhaus regelmäßig den Kreislauf aus Übertretung und anschließender Bestrafung.

Klosterschule: christliche Dogmen

Hesses beruflicher Weg war aufgrund des Einflusses, den der Großvater Hermann Gundert immer noch hatte, der die künstlerische Sensibilität seines Enkels bemerkte, vorgezeichnet. Nachdem Hesse an der höheren Schule sein Landesexamen (äußerst mittelmäßig) bestanden hatte, besuchte er das Seminar in Maulbronn. Der Einfluss dieser württembergischen Klosterschule auf das spätere Denken Hesses kann nicht hoch genug eingeschätzt werden. Das gnaden- und gedankenlose Büffeln unhinterfragter **christlich-pietistischer Dogmen** bedrohte in der sensiblen Phase der Pubertät die Identitätsfindung Hesses. In Briefen und Erinnerungen Hesses wird deutlich, dass der junge Künstler bereits jetzt durchschaute, dass es an diesem Ort nicht darum ging, sich selbst in der Totalität (Gesamtheit) der individuellen Anlagen und Begabungen zu finden, sondern darum, zu gehorchen. Das Seelenheil, so die

Die Familie Hesse, 1889

klösterliche Botschaft, findet nur der, der das Gesetz Christi erfüllt und sich diesem unterwirft. Gerade gegen die Vorstellung von der Erbsünde und den Gedanken, dass der Mensch von Natur aus böse und moralisch verdorben sei, regte sich beim jungen Hermann Widerstand.

Flucht aus der Enge des Klosters

1892 flüchtet er, ohne ein Ziel vor Augen zu haben, aus dem Seminar, Folgen hat dieser Hilfeschrei jedoch vorerst keine. Hesses Vater fordert weiter die unhinterfragbare Unterwerfung unter das Joch des Seminars und bestraft seinen Sohn. Die seelische Not Hesses wird jedoch zu groß: Er versucht sich das Leben zu nehmen. Nach Aufenthalten in verschiedenen Anstalten besucht er ab Ende 1892 das Gymnasium in Bad Cannstatt. Er absolviert nach einem Jahr das einjährige Examen (Mittlere Reife), bricht dann jedoch die Schule ab und beginnt eine Lehre zum Buchhändler in Esslingen, die bereits nach wenigen Tagen endet. Erst in einer Uhrenfabrik in Calw macht Hesse die erleichternde Erfahrung, dass ihn hier niemand verbessern, reglementieren oder bestrafen will. Diese Erfahrung stabilisiert den jungen Hesse dermaßen, dass er ab 1895 eine Buchhändlerlehre in Tübingen beginnt und diese auch vier Jahre lang durchhält. Hesse empfindet die städtische Atmosphäre als Befreiung, während der Arbeit ist er umgeben von Bildnissen Nietzsches und Chopins, Goethes und Hauptmanns. Er liest ohne Unterlass die große Literatur. Diese Lektüreerfahrungen prägen Hesse zeitlebens. Schnell veröffentlicht er erste Ge-

Buchhändlerlehre

befreiende Lektüreerfahrung

dichte, Rezensionen und kleinere Prosastücke. Die Tübinger Zeit endet im Juli 1899, sie hat den Menschen Hermann Hesse völlig verändert. Aus einem unter dem elterlichen, stark pietistisch geprägten Einfluss leidenden, innerlich zerrissenen jungen Mann ist ein selbstbewusster, ausgebildeter Buchhändler geworden, der in Zeitungen und Zeitschriften eigene Texte veröffentlicht und als Autor zweier Bücher begrenzten Ruhm erlangt hat.

glückliche Zeit in Basel

Er kehrt nur kurz nach Calw zurück, dann zieht es ihn in die Stadt Nietzsches und des für Hesses Denken sehr wichtigen Jakob Burckhardts, Basel, wo er als Buchhändler arbeitet. Schnell wird neben dem Lesen das Schreiben zu seiner zentralen Beschäftigung. Hesse veröffentlicht einige kleinere, meist lyrische Werke, die heute fast vergessen sind. Diese führen dennoch zu der entscheidenden Wendung im Leben des Dichters, denn der bekannte Verleger Samuel Fischer wendet sich 1903 an Hesse und bittet diesen um die Zusendung weiterer Werke – das ist Hesses literarischer Durchbruch. Sein Roman „Peter Camenzind" wird bereits bei Fischer publiziert. Der große Erfolg dieses Debütromans lässt sich mit Blick auf die damaligen jugendlichen Bewegungen erklären, die gegen die vorherrschende Technik- und Fortschrittseuphorie ankämpften. Hesses Rückwendung zur romantischen und klassischen Tradition, seine Kritik an der Gegenwart trafen auf dankbare Abnehmer. Bis 1930 erscheinen nun in regelmäßigen Abständen bedeutende Werke Hesses, meist Romane, die zu seinem bis heute anhaltenden Ruhm beitragen. Die bekanntesten darunter sind **„Unterm Rad"** (1906), in dem Hesse die eigenen Identitätsprobleme aus der Sicht eines Schülers beschreibt und ein allzu strenges Erziehungskonzept anprangert. Die Reformpädagogik nimmt die Kritik Hesses an einer Schule, in welcher er nur „Latein und Lügen" gelernt habe, auf und erweitert sie zu einer Kritik an einer allzu strengen, das Individuum einschränkenden Pädagogik.

Verleger Samuel Fischer zeigt Interesse am Werk Hesses

„Unterm Rad" (1906)

„Demian" (1919)

Der Roman **„Demian"** (1919) beschreibt die Geschichte zweier Freunde auf ihrer Suche nach sich selbst.

„Siddharta" (1922)

Die zahlreichen Reisen Hesses prägen sein nächstes Werk, **„Siddharta"** (1922). Hier werden indische Lebensweisheiten und religiöse Vorstellungen von der Vervollkommnung des Menschen literarisch gestaltet, indem die unterschiedlichen Lebenswege zweier Freunde dargestellt werden. Auf der Suche nach dem eigenen Ich werden sie zuerst nicht fündig, dann müssen sie jedoch begreifen, dass jeder Mensch seine Eigenheit und Individualität annehmen muss, statt Idealen hinterherzujagen, die andere Menschen aufgestellt haben und fälschlicherweise für jeden gelten sollen. Wie schon im „Demian" wird die Gesellschaft als Ganze kritisiert, das Bürgertum und seine Werte werden unter Beschuss genommen.

Gesellschaftskritik

„Der Steppenwolf" (1927)

Die Veröffentlichung von Hermann Hesses wohl größtem literarischen Erfolg, dem Roman **„Der Steppenwolf"** (1927), geschieht in einer Zeit der persönlichen Krise. Nach seiner ersten Ehe scheitert nach nur drei Jahren auch seine zweite Ehe mit der Sängerin Rudi Wenger, die sich 1927, also im Erscheinungsjahr des „Steppenwolfs", von Hesse scheiden lässt. Der Dichter gerät in eine literarische Schaffenskrise, die seine materielle Existenz bedroht. Nach dem Glanz erlebt Hesse jetzt das Elend des Künstlerdaseins. In zahlreichen Briefen wird deutlich, dass Hesse sich in dieser kritischen Phase ernsthaft mit der Möglichkeit des Selbstmordes beschäftigte und den Suizid als Möglichkeit sah, seiner Seelenkrise ein Ende zu bereiten. Für den mittlerweile im schweizerischen Tessin lebenden Dichter ist aber auch klar, dass er nur in der Kunst Rettung finden kann. Und so ist es kein Wunder, dass sich die persönliche Krise Hesses im Roman auf verschiedene Art literarisch gestaltet wiederfindet. Die Parallelen zwischen Harry Haller und Hermann Hesse sind – unabhängig von den Anfangsbuchstaben –

literarische und persönliche Krise

derart deutlich und vielfältig, dass einige Interpreten die Frage stellen, ob Harry Haller in Wahrheit ein nur leicht verkleideter Hermann Hesse sei. In der intellektuellen Krise Hallers, der an der Verlogenheit seiner Zeit leidet und der kulturpessimistisch den Verfall der Kunst und der Gesellschaft prophezeit, spiegelt sich das Denken und die persönliche Situation Hesses, die man heute wohl als **Midlife-Crisis** beschreiben würde. Der große literarische Erfolg des Romans sorgt dafür, dass Hesse seine Existenzkrise meistert, auch wenn ihn die Themen der Identitätsfindung, der Kritik an und Flucht aus der bürgerlichen Zivilisation bis an sein Lebensende nicht loslassen.

Midlife-Crisis

Die im Roman „Der Steppenwolf" zentrale Frage, wie sich das Geistige und das Körperlich-Sinnliche integrieren lassen – wie man in unserer heutigen Gesellschaft glücklich sein kann –, findet daher eine weitere Antwort im folgenden Roman **„Narziss und Goldmund"**, der 1930 erscheint und im Mittelalter spielt. Der Roman **„Das Glasperlenspiel"** (1943) hingegen zeichnet eine utopische Situation im Jahr 2200 und gipfelt in der Erkenntnis, dass die Menschheit nach den Urkatastrophen des Ersten und Zweiten Weltkriegs eine neue geistig-moralische Ordnung suchen muss. Die Grundlagen für diese Ordnung sollen mithilfe eines Glasperlenspiels erarbeitet werden, welches alle geistigen Fähigkeiten des Menschen beansprucht. Ähnlich wie im Roman „Der Steppenwolf" bleiben die Ratschläge des Autors somit eher symbolisch, denn wie das Magische Theater im „Steppenwolf" oder das Glasperlenspiel konkret auf das gegenwärtige Leben zu übertragen sind, darüber verliert Hesse kein Wort. Er bleibt im Symbolischen, im Ungefähren.

„Narziss und Goldmund" (1930)
„Das Glasperlenspiel" (1943)

Ein weiterer Höhepunkt ist die Verleihung des **Nobelpreises 1946**.

Nobelpreis (1946)

Am 2. Juli 1962, seinem 85. Geburtstag, wird Hesse Ehrenbürger von Montagnola.

Tod: 1962 in der Schweiz

Nur kurze Zeit später, am **9. August 1962**, stirbt er dort. Viele von Hesses Werken stehen unter dem unmittelbaren Einfluss seines Lebens. Wer Hesses zentrale Romane kennt, der weiß auch schon viel über die Gedankenwelt, vor allem aber über die Probleme des Dichters. So ist auch der Roman „Der Steppenwolf" ein Teil von Hesses schonungsloser Selbstoffenbarung, die Aufschluss gibt über die seelische Krise, in der sich Hesse in den 20er-Jahren des 20. Jahrhunderts befand. Dieser Zusammenhang zwischen Leben und Werk macht den Erfolg seiner Dichtung erklärbarer, da die Leser seiner Romane im Leben Hesses Authentizität und Glaubwürdigkeit wiederfinden.

Dichtung als Selbstoffenbarung und Selbsterkenntnis

Wirkung und Rezeption

Hermann Hesse war bis zum Erscheinen des Romans „Der Steppenwolf" ein in Deutschland bekannter und geschätzter Autor. Im Zusammenhang mit dem Ersten Weltkrieg haben Hesses Pazifismus und seine Kritik an der Kriegseuphorie der Deutschen zwar bei vielen Menschen für Ablehnung gesorgt, doch Hesses Innerlichkeitskult, seine romantizistische Wendung nach Innen, war vor allem zu Beginn der 20er-Jahre auf viel Resonanz gestoßen. Den Stand eines Thomas Manns – Dichter von Weltruf – hatte Hesse jedoch nicht inne. Was aber mit Veröffentlichung des „Steppenwolfs" begann, das kann man als eine neue Form der Heiligenverehrung bezeichnen. Bei vielen Leserinnen und Lesern löst der Roman Begeisterung aus. Hesse war von der begeisterten Rezeption seines Romans überrascht. Er selbst ging davon aus, dass er angesichts der Kritik an den Werten des deutschen Bürgertums einen Sturm der Entrüstung ernten würde. Das Gegenteil war der Fall. Insbesondere die innere Zerrissenheit, die den Steppenwolf auszeichnet, erscheint einer Vielzahl der Leser attraktiv. Nach der Katastrophe des Ersten Weltkrieges entsteht ein Sinnvakuum, das darauf wartet, gefüllt zu werden. In dieses Vakuum treffen der Kulturpessimismus und die Kritik Hesses an Technologie und Konsumgesellschaft, Militarismus und Profitmaximierung; dies sorgt für begeisterte Zustimmung. Den Menschen war bewusst, dass die alte Welt des kaiserlichen Wilhelminismus zu Ende gegangen war und sie nun neue Antworten auf die durch die Niederlage des Krieges entstandene Sinnkrise benötigten. Nach der Verführung des Kollektivs im Massenwahn der Katastrophe des Ersten Weltkrieges ist eine Wendung hin zum Einzelnen folgerichtig.

begeisterte Aufnahme des Romans

Hesse wird einem Massenpublikum bekannt. Neben der Thematik, die offensichtlich den Nerv der Zeitgenossen trifft und die verständliche Identifikationsangebote für jeden Einzelnen liefert, ist es auch die intime Form des Tagebuchs, die auf den Leser wirkt. Dieser fühlt sich von der scheinbaren Authentizität angezogen; er bekommt das Gefühl vermittelt, an etwas Geheimem zu partizipieren. Es sind vor allem Hallers Weigerung, das als verlogen durchschaute Spiel der Gesellschaft mitzumachen, und seine stete Kritik an der verführerischen Kraft totalitärer Ideologien, die Hesse für seine Leserschaft attraktiv machen. Dass der Roman dabei keine konkreten Lösungen anbietet, ist kein Nachteil. Im Gegenteil, ein detailliertes und konkret ausgemaltes Lösungsangebot hätte bei einigen der Leser sicher

inhaltliche und formale Identifikationsangebote

für Ablehnung gesorgt. Es ist gerade die inhaltliche Ungenauigkeit des Romans, die dafür sorgt, dass so viele verschiedene Lesertypen zustimmen können. Es reicht die an manchen Stellen banal erscheinende Botschaft, dass jeder Mensch den Mut haben sollte, sich selbst zu begegnen, sich dem Leben zu stellen und dessen Aufgabe mutig und mit Humor in Angriff zu nehmen. Eine bestimmte Ideologie oder Lehre scheint da hinderlich zu sein, der bloße Innerlichkeitskult ist ausreichend. Auf diese Weise kann man in gewissem Sinne von einer therapeutischen Wirkung der Lektüre sprechen, deren Ziel die Heilung ist: Lesen als Selbstfindungsprozess. Andererseits hat der Roman auch Widerspruch hervorgerufen. Die **Kritik** kam zwar nicht aus der breiten Schicht des überwiegend begeisterten Massenpublikums, sondern aus der Schicht der (literarischen und kirchlichen) Intelligenz, sie soll an dieser Stelle jedoch nicht verschwiegen werden, legte sie doch den Finger in einige offene Wunden des Romans. Angesichts der im „Steppenwolf" propagierten Botschaft der unkontrollierten Sinnlichkeit und experimentellen Sexualität, warnt die Kirche vor diesem Werk, es sei wertezersetzend. Neben der äußerst liberalen Sexualmoral des Romans – beispielsweise erscheinen Polygamie und Homosexualität in für die damalige Zeit bemerkenswert positivem Licht – ist es vor allem der Nihilismus (völlige Verneinung aller Normen und Werte) des Romans, den die Kirche als direkten Angriff auf ihren Wertekanon empfinden muss.

Kritik am Roman vonseiten der Kirche und …

Die wohl überzeugendste Kritik jedoch formuliert der Satiriker Kurt Tucholsky (1890–1935). Für ihn ist der Roman Ausdruck einer typisch deutschen Wendung nach innen. Der Roman triefe von Pathos und Selbstmitleid und stehe in der Tradition der deutschen Romantik. Die Beschäftigung Hallers mit sich selbst sei bloßer Selbstzweck, der Held drehe sich im Kreise herum und komme nicht vom Fleck. Dabei sei gerade dieser Umgang mit der roman-

… der literarischen Intelligenz

tischen Zerrissenheit ein Beispiel für den falschen Umgang der Deutschen mit ihren Problemen. Statt diese offensiv anzugehen und zu besprechen, habe ein Innerlichkeitskult seit der Epoche der Romantik und des Biedermeiers die Deutschen zu einem passiven Volk werden lassen, das auch die nahende Katastrophe des Naziregimes eher hinnimmt, als sich diesem mit aller Kraft entgegenzustemmen.
Neben dieser wahrscheinlich prominentesten Kritik an Hesse als „Autor des individuellen Katzenjammers" (zitiert nach: Esselborn-Krumbiegel, S. 21) stoßen sich andere Interpreten an der sprachlichen Ungenauigkeit Hesses. Hier werden z. B. die häufigen Dopplungen und Stilisierungen auf ihre Funktion hin befragt. Hesse mache große Worte zu einer eher banalen Erkenntnis. Aus heutiger Sicht überzeugend erscheint die Kritik an Hesses Weigerung, über die Schilderung der gesellschaftlichen Wirklichkeit hinaus konkrete Verbesserungsvorschläge zu machen. Seine Kritik erscheint ausufernd, aber gleichzeitig ungenau. Sie geht zu wenig ins Detail und legt den Finger nicht in die Wunden, indem sie gesellschaftliche Funktionsmechanismen und Gesetzmäßigkeiten aufdeckt.

internationale Erfolge und Renaissance des Autors in den 60er-Jahren

Allen Unkenrufen zum Trotz ist Hermann Hesse damals wie heute ein **international erfolgreicher Autor**. Selbst in der Zeit, in der der Autor in seiner deutschen Heimat totgesagt und geringgeschätzt wurde, verkauften sich seine Bücher im Ausland in hoher Auflage. So ist Hesse noch heute ein in Frankreich hochgeschätzter Autor, wo die ersten Werke über ihn bereits ab 1910 erschienen. In Japan sowie der spanischsprachigen Welt finden seine Werke noch heute viel Zustimmung. Am gewaltigsten aber war die Zustimmung in den **USA** im Laufe der **60er-Jahre**, wo bis 1976 annähernd elf Millionen Exemplare des „Steppenwolfs" über die Ladentheke wanderten. Der große literarische Erfolg des Romans in den USA hängt mit der dama-

Hesse-Boom in den USA

ligen gesellschaftlichen und politischen Situation zusammen. Insbesondere der Vietnamkrieg wurde im Laufe der Zeit bei einem Großteil der jungen Bevölkerung immer unpopulärer. Es entstand eine kulturelle Protestbewegung, die sich neben der Förderung des Friedens der Suche nach neuen Lebensformen verschrieben hatte. Das bisherige Leben wurde als muffig, verstaubt und traditionell angesehen, die jungen Menschen sehnten sich nach neuen Ausdrucksformen.

Diese Sehnsucht artikulierte sich beispielsweise in neuen Formen der Musik (s. z. B. auch Woodstock, Beatles) oder aber in der Propagierung bewusstseinserweiternder Drogen.

Timothy Leary (1920 – 1996)

Propagierung von Drogenkonsum

Der wohl bekannteste Kämpfer für die Liberalisierung von Drogen, **Timothy Leary**, empfahl Hesses Romane als Lektionen esoterischer Unterweisung „auf dem chemischen Pfad der Erleuchtung": „Vor deiner LSD-Sitzung solltest du ‚Siddharta' und ‚Steppenwolf' lesen. Der letzte Teil des ‚Steppenwolfs' ist ein unschätzbares Lehrbuch." (zitiert nach: Michels: Materialien zu Hermann Hesses ‚Der Steppenwolf', Frankfurt 1972, S. 148) Hesse selbst hat schon Jahre vor dieser Vereinnahmung seines Romans vor einer solchen Fehldeutung gewarnt.

Der Roman im Umkreis der politischen, gesellschaftlichen und sozialen Situation

Folgen des Ersten Weltkriegs

Hesses Roman „Der Steppenwolf" erscheint im Jahr 1927. Politisch gesehen wagt Deutschland in dieser Zeit – abgesehen von der gescheiterten Revolution 1848/49 – erstmals das Abenteuer der Demokratie. Nach dem verlorenen Ersten Weltkrieg (1914–1918), dessen Folgen auch in den 20er-Jahren noch deutlich zu spüren waren, hatte die erste deutsche Demokratie einen schlechten Start. Der Versailler Vertrag (1919) der alliierten Siegermächte gab dem Deutschen Reich die Alleinschuld am Ausbruch und Verlauf des Kriegs und verpflichtete die Deutschen zu materiellen Kriegsentschädigungen – Reparationen –, die von einem Großteil der deutschen Bevölkerung als ungerecht empfunden wurden. Da die politisch Verantwortlichen aber nicht mehr zur Rechenschaft gezogen werden konnten, gab man der Demokratie als politischem System die Schuld. Der **Weimarer Republik** fehlte es also von Beginn an an Rückhalt und Legitimation aufseiten der Bevölkerung. Zudem forderte die Demokratie ein hohes Maß an politischer Beteiligung. Gleichzeitig offeriert sie Freiheiten, welche viele Menschen überforderten. Diese sehnten sich nach der starken Hand des Kaisers zurück, gerade angesichts der Tatsache, dass nun viele unterschiedliche politische Gruppierungen um die Macht rangen. Viele Menschen interpretierten diese Vorgänge nicht als einen für eine parlamentarische, offene Demokratie normalen und notwendigen Prozess, sondern als kleinliche, partikulare Streitereien. Den Parteien wurde zum Vorwurf gemacht, dass es ihnen nicht um Deutschland als Ganzes, sondern nur um ihre eigene Klientel gehe. Dazu kam, dass das politische System auch durch häufige Regierungswechsel instabil wirkte, Wahlen folgten auf Wahlen. Kein Wunder, dass die Demokratie als Staatsform nur geringes Ansehen genoss. Diese Demokratiefeindlichkeit findet sich auch in Hesses Roman „Der Steppenwolf" wieder. So heißt es im ‚Traktat': *„Ein Mensch, der fähig ist, Buddha zu begreifen, ein Mensch, der eine Ahnung hat von den Himmeln und Abgründen des Menschentums, sollte nicht in einer Welt leben, in welcher common sense, Demokratie und bürgerliche Bildung herrschen."* (S. 85; Hervorhebung: T.S.)

Demokratie als Schuldige

Überforderung des Menschen

Demokratiefeindlichkeit im „Steppenwolf"

Die Kritik an der Demokratie als schwacher Staatsform richtete sich primär dagegen, dass in einem Parlament zu viel diskutiert statt entschieden werde. Das Richtige könne nicht zwangsläufig von der Mehrheit herausgefunden werden, hierzu brauche es herausragende Persönlichkeiten oder Führer, welche die notwendige Richtung vorgäben. Kein Wunder, dass die meisten Deutschen mit dem Auftauchen des nationalsozialistischen Führers, Adolf Hitler, das Ende der Demokratie billigend in Kauf nahmen. Die Kritik Hesses an der Demokratie als schwacher Form der Entscheidungsfindung sollte aus der damaligen Situation verstanden werden, mit Blick auf die historischen Folgen sollte jedoch aus heutiger Sicht die Fragwürdigkeit seiner Kritik nicht verharmlost werden.

Fragwürdigkeit der Position Hesses

Auch gesellschaftlich und sozial kann man die 20er-Jahre als eine Art Umbruchsituation verstehen. Abgesehen von einer kurzen Hochphase, den sogenannten Goldenen Zwanzigern, in denen vor allem in der Hauptstadt Berlin das kulturelle Leben blühte, verschärfte sich als Folge der Industrialisierung das soziale Gefüge. Insbesondere vergrößerte sich die Schicht der abhängig Beschäftigten, das sogenannte Proletariat. Die alte soziale Ordnung des 19. Jahrhunderts war endgültig zerfallen, an ihre Stelle traten zunehmend Unsicherheit und Orientierungslosigkeit. Davon waren nicht nur die Ärmsten der Armen betroffen, auch breite Teile der bürgerlichen Mittelschicht mussten befürchten, ihre bisherige soziale und gesellschaftliche Position zu verlieren. Insbesondere die Weltwirtschaftskrise gegen Ende der 20er-Jahre hatte eine Inflation (Geldentwertung) zur Folge, die die bis dato gültigen materiellen Sicherheiten zerstörte. Die Arbeitslosigkeit stieg in ungeahnte Höhen, viele Menschen wussten morgens nicht, womit sie am Abend ihre Kinder ernähren sollten. Da sie ihr Selbstbewusstsein als Deutsche verloren hatten, wandten sich viele Menschen den radikalen Parteien zu, die scheinbar eine Lösung der Massenarbeitslosigkeit und Verelendung der Massen anboten. Diese aggressiven politischen

gesellschaftliche und soziale Umbruchsituation

Grabenkämpfe hielten letztlich bis zur Machtübernahme der Nationalsozialisten im Januar 1933 an. Die faschistische Bewegung Hitlers machte nun mit dem politischen Pluralismus (Mehrparteiensystem) kurzen Prozess, indem sie politische Gegner verfolgte, einsperrte oder vernichtete.

Kulturpessimismus: Der Einfluss Nietzsches und Spenglers auf Hesses Roman

Hesses Roman „Der Steppenwolf" entstand in einer Zeit, die man keinesfalls nur unter dem negativen Blickwinkel der einschneidenden sozialen Folgen der Industrialisierung betrachten sollte. Die 20er-Jahre sind zugleich eine Dekade der Demokratisierung von Kunst und Kultur. Die neuen Medien wie Radio oder Kino erweitern die Reichweite von Massenvergnügungen oder den Konsum von Kunst, die nun nicht mehr nur einer kleinen Elite zugänglich ist, sondern der breiten Masse der Bevölkerung, die sich amüsieren und unterhalten lassen kann. Neue technische Möglichkeiten sorgen auch für bedeutende Wandlungen der Kunst. Dadaismus – eine Kunstform, die nach kindlich-einfachen und ursprünglich-unverdorbenen Darstellungsarten sucht – und Expressionismus brechen auf ihrer Suche nach neuen Ausdrucksformen mit der künstlerischen Tradition. Viele Werke dieser Kunstformen wirken auf den durchschnittlichen Bürger verstörend. Die neuen Formen der Kunst und Unterhaltung werden eher als trivial und dekadent empfunden, als dass man ihnen zugute hält, für das Wahre, Schöne und Gute zu stehen; allesamt Werte, die seit der Epoche der Klassik als Ziele der Kunst hochgehalten wurden. Kein Wunder, dass sich ein Kulturpessimismus ausbreitete, der vor allem die negativen Konsequenzen der Demokratisierung der Kultur kritisierte. Der optimistische

Goldene Zwanziger: Demokratisierung von Kunst und Kultur

Abschied vom Idealismus

Kulturpessimismus

Glaube, dass Kunst und Kultur zum Fortschritt und zur Veredelung von Mensch und Menschheit beitragen, stammt ursprünglich aus der Epoche der Aufklärung. Dieser Gedanke wird angesichts der Trivialität moderner Massenvergnügungen zunehmend infrage gestellt. Die Philosophen Arthur Schopenhauer und **Friedrich Nietzsche** bewerten den kulturellen Zustand ihrer Zeit ebenfalls skeptisch.

Friedrich Nietzsche

Schopenhauer und Nietzsche

Nietzsche macht die Überreizung der Nerven – Sinneseindrücke – dafür verantwortlich, dass die Europäer zunehmend neurotisch und krank erschienen. Sein Nihilismus, die Lehre vom Nichts, ist die Folge der Erkenntnis, dass die bis dato gültigen moralischen Werte verlogen und nichtig seien, weil sie nicht zu Fortschritt und Freiheit, sondern zu Verfall und Abhängigkeit geführt hätten. Die bürgerliche Moral erfährt durch Nietzsche eine radikale Kritik, da sie zu dekadenter Mittelmäßigkeit geführt habe. Ein Fortschritt in der Geschichte der Menschheit sei mit diesen Werten nicht zu bewerkstelligen. Das Telos (Ziel) der Menschheit liege daher nicht an ihrem (zeitlichen) Ende, sondern realisiere sich durch den besonderen Einzelnen, den sogenannten Übermenschen. Hart und mitleidlos mit sich selbst zeichne ihn der „Wille zur Macht“ aus, der ihn von der Masse der Menschen unterscheide.

Kritik Nietzsches an Werten des Bürgertums

Einen ähnlichen Einfluss wie die Philosophie Nietzsches hatte **Oswald Spenglers** Werk „Der Untergang des Abendlandes“ (1928). Der große Erfolg dieses Werkes lag in der zeitlichen Nähe zur Katastrophe des Ersten Weltkriegs, der den Fortschrittsoptimismus der Aufklärung erschüttert und

Oswald Spengler: „Der Untergang des Abendlandes“ (1918)

ein gesellschaftliches Krisenbewusstsein in Gang gesetzt hatte. Das bis dahin unvorstellbare Grauen, welchem die Menschen nun hautnah ausgesetzt waren, führt diesen vor Augen, wie endlich ihre Existenz ist und dass sich die Menschheitsgeschichte nicht zwangsläufig, quasi aus einer inneren Logik heraus, immer zum Besten entwickelt, sondern dass man für Fortschritt und Humanität kämpfen muss. Der zentrale Gedanke Spenglers war die Vorstellung vom zyklischen Auf und Ab der Hochkulturen. Nach dem Erblühen der deutschen Kultur im 18. und 19. Jahrhundert habe die Entwicklung des Abendlandes nun eine Phase des Zerfalls und Niedergangs erreicht.

Der ausgeprägte Kulturpessimismus unter dem Einfluss Nietzsches und Spenglers findet sich im Roman „Der Steppenwolf" an vielen Stellen. Gleich zu Beginn seiner Ausführungen spricht der Steppenwolf von seinem Leiden an jenen „argen Tagen der inneren Leere und Verzweiflung, an denen uns, inmitten der zerstörten und von Aktiengesellschaften ausgesogenen Erde, die Menschenwelt und sogenannte Kultur in ihrem verlogenen und gemeinen blechernen Jahrmarktsglanz [...] entgegengrinst". (S. 34) Auch an weiteren Stellen wird dem Leser die Wut Harry Hallers auf sein „abgetönte[s], flache[s], normierte[s] und sterilisierte[s] Leben" (S. 35) anschaulich vor Augen geführt. Der Steppenwolf fühlt angesichts der kulturellen Niveaulosigkeit eine „rasende Lust" in sich, „irgend etwas kaputtzuschlagen, etwa ein Warenhaus oder eine Kathedrale". (S. 35) Auch wenn der Einfluss kulturpessimistischer Strömungen im Sinne Nietzsches und apokalyptischer Überlegungen wie der Spenglers auf Hesse außer Frage steht, so kritisieren manche Literaturwissenschaftler zurecht die inhaltliche Ungenauigkeit und fehlende Konkretheit des Kulturpessimismus Hesses. Warum genau amerikanische „Massenvergnügungen" (S. 40) seiner Zeit für allzu leicht zufriedenzustellende Menschen negativ zu bewerten sind, wird dem

Leser selten deutlich gemacht. Hesses Kulturkritik bleibt meist oberflächlich und bloße Behauptung.

Die Entdeckung des Unbewussten: Der Einfluss Freuds und C.G. Jungs auf den Roman „Der Steppenwolf"

Einfluss Freuds auf Hesse

Spätestens mit Sigmund Freuds Werk „Die Traumdeutung" (1900) gewinnt die **Psychoanalyse** zunehmend gesellschaftliche Akzeptanz. Die Theorien Sigmund Freuds sind dabei dermaßen komplex und vieldeutig, dass an dieser Stelle nur eine bewusst vereinfachte Wiedergabe wesentlicher Grundgedanken Freuds stattfinden kann. In jedem Fall ist der Einfluss Freuds auf das epische Werk Hermann Hesses eindeutig nachzuweisen, gleiches gilt für den Freud-Schüler C.G. Jung.

Drei-Instanzen-Modell der psychischen Persönlichkeit

Zentrales Element der **Theorie Freuds** ist sein Drei-Instanzen-Modell der psychischen Persönlichkeit. Vereinfacht dargestellt geht Freud von drei wesentlichen Instanzen aus, welche die Persönlichkeit prägen. Es handelt sich dabei um Triebe (ES), die bewusste Persönlichkeit (ICH) sowie das Gewissen (ÜBER-ICH).

Die Freud'sche Bewusstseinsstruktur

„ES"

Das nach dem Lustprinzip funktionierende **ES** versteht Freud als angeboren, es ist das früheste psychische System. Vereinfacht gesagt ist es das menschliche Unbewusste, welches bei Freud vor allem aus dem Sexualtrieb sowie aus verdrängten Erlebnissen, Wahrnehmungen und Wünschen besteht. Insbesondere die triebhaften Wünsche werden aufgrund ihres anstößigen Charakters oder der von ihnen ausgehenden Bedrohung verdrängt. Neben dem Sexualtrieb (Eros) wird das ES von Todes- und Gewalttrieben (Thanatos) beherrscht. Wesentlich ist, dass das ES als Sitz des Trieblebens der unbewusste Teil der Seele ist.

Die vom unbewussten ES geäußerten Triebwünsche können in einer Kultur nicht realisiert werden, sondern müssen unterdrückt, verdrängt oder sublimiert (umgelenkt, umgewandelt) werden. Dieser Prozess wird durch das **ÜBER-ICH** hervorgerufen, welches im Laufe der kindlichen Entwicklung als ein Gegenpart zum ES entsteht. Gesellschaftliche, anerzogene und verinnerlichte (meist elterliche) Normen und Forderungen führen zu einer Zensur der Triebwünsche durch das ÜBER-ICH. Als das Gewissen des Menschen spricht es Verbote, moralische Gesetze und Tabus aus, ohne die eine Kultur niemals dauerhaft existieren könnte, zu zerstörerisch wären die unzensierten Einflüsse des ES.

„ÜBER-ICH“

Mit der Kategorie des **ICH** meint Freud die bewusste Persönlichkeit, den Führer durch die Wirklichkeit. Als Kontaktstelle zur Außenwelt, die nach dem Realitätsprinzip funktioniert, ist es seine Aufgabe, zwischen ES, ÜBER-ICH und der Außenwelt zu vermitteln. Dabei befindet es sich dauerhaft im Konflikt mit den Ansprüchen des ES, den Befehlen des ÜBER-ICH als auch den Forderungen der Realität. Infolgedessen muss sich das ICH verändern. Anders als es das Menschenbild der Aufklärung suggeriert, ist für Freud die Autonomie des ICH relativ, es gibt kaum eine Willensfreiheit. Denn indem es versucht, die triebhaften Wünsche des ES und die Ge- und Verbote des ÜBER-ICH an die Außenwelt anzupassen und mit den tatsächlichen Lebensmöglichkeiten in Einklang zu bringen, ist es selbst stetig der

„ICH“

Gefahr eines Konflikts ausgesetzt. Ob man eine normale oder aber eine neurotische Persönlichkeit (Neurose: psychische Störung) ausbildet, ist für Freud von der Art und Weise abhängig, wie erfolgreich das ICH diesen Kampf oder Balanceakt meistert.

Drei-Instanzen-Modell

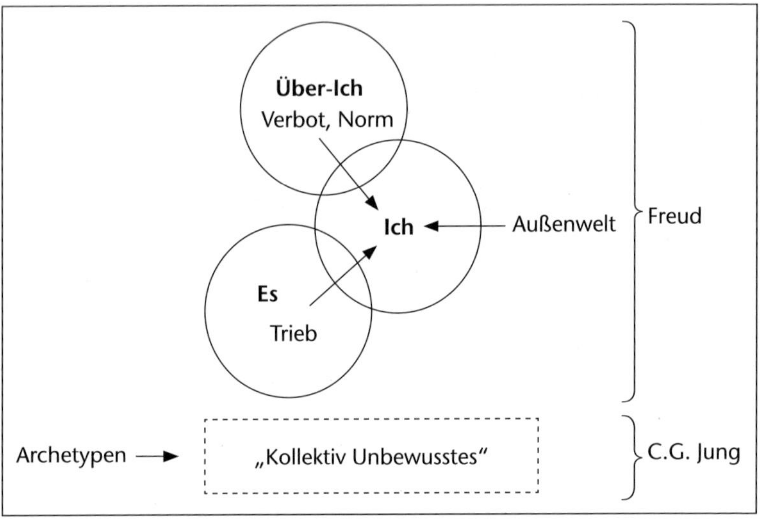

Bedeutung der frühen Kindheit und …

Freud führt viele psychische Störungen auf eine sexualitätsfeindliche Erziehung in der frühen Kindheit zurück. Aufgrund der Macht des ÜBER-ICH drücken sich diese Störungen häufig in Träumen aus. Tagsüber bei vollem Bewusstsein kann das ÜBER-ICH seine Kontrollfunktion erfüllen. In der Nacht jedoch versuchen die triebhaften, aufgestauten Wünsche des ES, ins Bewusstsein zu dringen. Dies geschieht über den

… der Träume

Traum. Durch ihn erfüllen sich die bisher verneinten Triebwünsche, allerdings findet sogar hier noch eine Zensur statt. Durch Symbole, Verschiebung und Entstellung achtet der Traum als „Hüter des Schlafes" darauf, dass der Schläfer nicht zu sehr erschreckt wird. Eine Heilung des neurotischen

Menschen kann für Freud nur durch die Bewusstmachung der verdrängten Wünsche erzielt werden. Zugleich muss es durch kulturelle Ersatzleistungen möglich sein, die destruktiven Wünsche in produktives Gestalten umzuwandeln. Für Freud kann das z. B. die Kunst leisten.

C.G. Jung

Wie beschrieben ist für den Vater der Psychoanalyse, Sigmund Freud, das ES der Ort der verdrängten Inhalte und Triebe. Für den wohl prominentesten Schüler Freuds, **C.G. Jung**, reicht dieses Verständnis des Unbewussten nicht aus, weshalb er es weiterentwickelte.

Indem er seine Träume analysierte, gewannen zwei Beobachtungen für ihn an Bedeutung. Zum einen fand er in seinen Träumen Bilder wieder, die er nicht auf persönliche, individuelle Erlebnisse zurückführen konnte und für die es mit dem Modell Freuds keine Erklärung gab. Wenn das Individuum also von Dingen träumte, die außerhalb seiner eigenen Erfahrungswelt lagen, so musste es dafür Gründe und Wirkungsmechanismen außerhalb der eigenen Biografie geben. Zum anderen bemerkte Jung, dass in diesen Träumen Motive auftauchten, die ihre Anfänge und Grundlagen in bekannten Märchen und mythologischen Erzählungen der Menschheit haben und die in vielen Kulturkreisen bekannt sind und tradiert werden. Er zog daher den Schluss, dass die Quelle dieser Bilder, die er „Archetypen" (= Urbilder) nannte, im Unbewussten selbst liegen müsse.

Bedeutung von Märchen und Mythen:

„Archetypen" (Urbilder)

C.G. Jung (1875 – 1961)

Auf diese Weise gelangte C.G. Jung zu der zentralen Unterscheidung zwischen einem *persönlichen Unbewussten,* das dem ES bei

kollektives Unbewusstes

Freud entspricht, und dem *kollektiven Unbewussten,* welches keine Entsprechung bei Freud hat und demnach über dessen Theorie hinausgeht, indem es das persönliche Unbewusste scheinbar in die Tiefe ausweitet. Der zentrale Gedanke ist, dass sich in diesem kollektiven Unbewussten eine Verbindung mit der gesamten überlieferten Menschheitsgeschichte manifestiert. Bei der Analyse eines Traumes muss sich der Traumdeuter also mit der Frage beschäftigen, ob die Traumbilder persönlich-biografische Ursachen haben oder aber eher einen überpersönlichen, archetypischen Ursprung.

Bei der Ausdifferenzierung seiner Theorie beschäftigte sich C.G. Jung daher vor allem mit der Identifizierung dieser Archetypen oder Urbilder. Nach der Meinung Jungs gewinnen sie ihre symbolhafte Gestalt vor allem durch ihre Bipolarität (Zweipoligkeit). Dunkelheit und Licht seien nur zwei Seiten derselben Medaille, gleiches gelte für die Archetypen der Männlichkeit und Weiblichkeit, die im kollektiven Unbewussten noch zusammenstünden, in einer höheren Schicht des Unbewussten aber bereits auseinanderträten. Beispielsweise nennt er die Anima als weibliches Seelenbild im Unbewussten des Mannes, die aufgrund gesellschaftlicher Zwänge häufig zugunsten ihres männlichen Gegenprinzips verdrängt werde und damit ursächlich für individuelle und überindividuelle Neurosen sei.

Einfluss der Psychoanalyse auf Hesse

Der Einfluss, den die Psychoanalyse auf das Denken und literarische Schaffen Hesses genommen hat, kann nicht oft genug betont werden. Von Hesse selbst stammen zahlreiche Aussagen, welche die Bedeutung Freuds und C.G. Jungs für sein Arbeiten herausstellen. Generell kann der Roman unter dem Blickwinkel der Psychoanalyse gedeutet werden, wenn man das Magische Theater nicht als reales Geschehen, sondern als Reise ins eigene Ich, in tiefste Tiefen der eigenen Persönlichkeit begreift. Dabei haben die zahlreichen Ge-

psychoanalytische Deutung des Romans

spräche mit Hermine und Pablo dazu beigetragen, dass Haller am Ende den Mut dazu aufbringen kann, verdrängte Bewusstseinsinhalte an die Oberfläche zu holen und sich diesen zu stellen, sie als Bestandteil seiner Persönlichkeit zu begreifen. Hallers Neurose (psychische Störung) kann dann als Folge der Verdrängung von Wünschen gedeutet werden. Die Aufgabe der Psychoanalyse besteht folglich darin, verdrängte Wünsche und Inhalte wieder bewusst zu machen. Der Prozess der Bewusstwerdung, der gezielten Reflexion und Verarbeitung, ist dann Teil der Heilung und Therapie.
Wenn im Magischen Theater Staatsanwälte erschossen und alte Jugendlieben verführt werden, dann kann man darunter die Bewusstwerdung der Bestandteile des ES im Sinne Freuds verstehen. Diese Bewusstmachung dient der Therapie, der Haller bedarf. Auch das Spiegel-Motiv betont die Notwendigkeit der Beschäftigung des Einzelnen mit sich selbst. Es geht um die Konfrontation mit verloren gegangenen Wünschen und Träumen, derer man sich bewusst werden soll. Als letztes Beispiel kann dafür die Bedeutung Hermines für die Identitätsentwicklung Hallers angeführt werden. Sie wird mehrfach als androgyne, zweigeschlechtliche Person beschrieben. Auf dem Maskenball hält Haller die Kurtisane sogar für einen Mann. Ihr als positives Beispiel hervorgehobener Hermaphrodismus (Zwittrigkeit) betont, wie notwendig es ist, die Trennung der Geschlechter aufzuheben. Jeder Mensch, unabhängig von seiner tatsächlichen geschlechtlichen Identität, besteht im Sinne Jungs aus männlichen und weiblichen Archetypen. Erst wenn Harry sich dieser ursprünglichen, natürlichen Einheit der Geschlechter bewusst wird, sie für sich akzeptiert und sich von seinem fragwürdigen Dualismus abwendet, kann er auf Heilung hoffen.

Spiegel-Motiv

Synthese statt Dualismus

Der Roman „Der Steppenwolf“ in der Schule

Der Blick auf die Figuren: Die Personencharakterisierung

Um einen Erzähltext verstehen zu können, ist es sinnvoll, sich mithilfe einer **Charakterisierung** ein möglichst genaues Bild von den Handlungsträgern – den Figuren eines Romans, einer Erzählung oder einer Novelle – zu machen. Dabei liegt die Herkunft des Wortes „Charakter“ im Griechischen, es meint so viel wie „eingekerbtes Zeichen, Wesen, Eigentümlichkeit“. Spricht man folglich vom Charakter eines Menschen, meint man das Ganze seiner Erfahrungen, unverwechselbaren und einzigartigen Eigenschaften und Verhaltensweisen, welche die Grundlage seines Denkens, Fühlens und Handelns darstellen. Die Charakterisierung einer literarischen Figur kann auf zwei Weisen erfolgen: **direkt** oder **indirekt**.
Eine Figur wird **direkt** charakterisiert durch die Selbstaussagen der Figur oder durch die Aussagen anderer Figuren. In diesem Fall sollte der Interpret sehr sorgfältig vorgehen, da die Aussagen anderer Figuren über den Helden nicht immer sachlich zutreffend sein müssen.
Eine Figur wird **indirekt** charakterisiert durch Aspekte, die die Leserin/der Leser aus dem Verhalten der Figur erschließt. Auch hier sollte sich der Interpret darüber im Klaren sein, dass seine Einschätzung der Figur eine Deutung darstellt, die der Überprüfung und sinnvoller, funktionaler Textbelege bedarf.

Eine literarische Figur charakterisieren – Tipps und Techniken

Beim Verfassen einer Charakterisierung einer literarischen Figur ist folgendes Vorgehen empfehlenswert:

1. Einleitung

Informieren Sie darüber, um welchen Text bzw. welche literarische Figur es geht. Nennen Sie hierfür den Autor, Titel und die Textsorte (Roman, Erzählung, Drama, Novelle, Kurzgeschichte o. Ä.). Welche Funktion hat die Figur im Ganzen? Am Ende der Einleitung erfolgt ein Absatz.

2. Hauptteil

Dies ist der Kern der Charakterisierung. Gehen Sie dabei systematisch vor und beachten Sie folgende Leitfragen, dabei legen Sie eigenständig Schwerpunkte fest:

a) sozialer Status und persönliche Informationen

- Was ist über Name, Geschlecht, Alter und Beruf der Figur bekannt?
- Gibt es auffällige äußere Merkmale? (Aussehen, Kleidung, unverwechselbare äußere Merkmale)
- In welchen Verhältnissen (soziales Umfeld) lebt die Figur?
- Gibt es Informationen zur Vorgeschichte/Biografie/Herkunft der Figur?

b) zentrale Charaktereigenschaften

- Welche typischen Verhaltensweisen, Eigenarten und Gewohnheiten sind erkennbar?
- Welches sind die bedeutendsten Charakterzüge bzw. Wesensmerkmale?
- Über welches Weltbild und welche inneren Einstellungen verfügt die Figur?

- Gibt es im Laufe der Handlung eine Entwicklung der Figur, verändert sie sich?
- Welches Bild hat die Figur von sich selbst? (Selbstbewusstsein, Arroganz, geringes Selbstwertgefühl, …)
- Wie stellt sich das Verhältnis und die Beziehung zu anderen Figuren dar?
- Auf welche Art und Weise wird die Figur von ihrer sozialen Umwelt wahrgenommen?
- Welche Umstände bestimmen ihr Dasein, was ist besonders prägend?

c) **Sprachgebrauch und Sprachverhalten**

- Was ist allgemein am Sprachgebrauch der Figur auffällig, wie lässt sich dieser beschreiben?
- Gibt es auf Satz- und Wortebene (Syntax, Wortwahl) Besonderheiten? (z. B. Satzabbrüche, viele Ausrufe, unvollständige Satzkonstruktionen)
- Welche nonverbalen Botschaften transportiert die Figur, z. B. durch den betonten Einsatz von Mimik, Gestik und Körperhaltung?
- Wie verhält sich die Figur in Gesprächen mit ihren Mitmenschen? Geht sie auf andere zu, macht sie Gesprächsangebote und setzt Impulse; ist sie ein eher passiver und zurückhaltender Gesprächspartner?

3. Schlussteil

Im Schlussteil, der vom Hauptteil mit einem Absatz abgegrenzt wird, erfolgen eine Zusammenfassung der Ergebnisse sowie eine abschließende Bewertung. Sie können sich an folgenden Leitfragen orientieren:

- Welche Gesamtdeutung der Figur ergibt sich aus den im Hauptteil diskutierten Erkenntnissen? Wie ist die Figur im Gesamtkontext des Romans zu bewerten?
- Was soll durch die Figur beim Leser erreicht werden?

Im Folgenden werden Ihnen kurze und absichtlich verknappte Charakterisierungen zu einigen Figuren aus Hesses Roman „Der Steppenwolf" vorgestellt. Sie dienen zur ersten Orientierung. Dabei erfüllen sie keinesfalls einen Anspruch auf Vollständigkeit, sondern sollen als Impuls für die eigene Weiterarbeit verstanden werden.

Harry Haller – die Hauptfigur des Romans

Harry Haller ist die Hauptfigur des Romans „Der Steppenwolf" von Hermann Hesse. Diese Figur hat bis heute sehr unterschiedliche Deutungen erfahren. 1. Einleitung

Es handelt sich um einen etwa 50 Jahre alten Intellektuellen, dessen Beruf als Gelehrter und Publizist angegeben wird. Haller ist „nicht sehr groß" (S. 9), hat „aber den Gang und die Kopfhaltung von großgewachsenen Menschen" (ebd.), er trägt einen „modernen bequemen Wintermantel" und ist ansonsten „anständig, aber unsorgfältig gekleidet, glatt rasiert und mit ganz kurzem Kopfhaar". (ebd.) Sein Gang missfällt dem Herausgeber, er hat etwas „Mühsames und Unentschlossenes" (ebd.) an sich. Haller stammt zudem selbst aus einem bürgerlichen Elternhaus. (vgl. S. 22) 2. Hauptteil / äußere Merkmale / sozialer Status / Körpersprache / Herkunft

Auf den Sohn seiner Vermieterin macht Haller den Eindruck eines bedeutenden und ungewöhnlich begabten Menschen, „sein Gesicht war voll Geist" und das zarte Spiel seiner Gesichtszüge spiegelt ein „sensibles Seelenleben". (S. 13) Schnell wird deutlich, dass Haller krank ist, das Gehen bereitet ihm Mühe. Der Protagonist des Romans scheint innerlich zerrissen zu sein. Zum einen sehnt er sich nach der Einfachheit, dem ordentlichen und anständigen Leben der Bürger. (vgl. S. 12) Von diesem Leben erhofft er sich Orientierung und Überschaubarkeit, vor allem aber ein Ende der ihn belastenden Reflexion und Verinnerlichung/Selbstbeobachtung (Introspektion). Statt zu grübeln und allein zu sein, sehnt sich der Steppenwolf nach

Charakter-eigenschaften

Gemeinschaft. Andererseits ist dieser Wunsch nicht von Dauer, da der Steppenwolf um die Verlogenheit der bürgerlichen Werte und damit auch um die Sinnlosigkeit seiner Sehnsucht weiß: „[D]er Blick des Steppenwolfs durchdrang unsre ganze Zeit, das ganze betriebsame Getue, die ganze Streberei, die ganze Eitelkeit, das ganze oberflächliche Spiel einer eingebildeten, seichten Geistigkeit […].“ (S. 15)

Haller leidet unter seinem Zwang zur Analyse, zum Durchdenken von Problemen, da die Gesellschaft ihn zum Außenseiter macht. Das zwanghafte Analysieren ist für ihn die Ursache für sein Leiden. Freunde hat der Steppenwolf offensichtlich nicht, niemand vermisst ihn, keiner kümmert sich um ihn. (vgl. S. 23f.)

Beziehung zu anderen Figuren

Der Geruch von Bodenwachs und die gepflegte Pflanzenwelt (Araukarien) seiner Vermieterin (vgl. S. 23) können Haller nicht dauerhaft zufriedenstellen. Er fühlt sich als Fremder im Bürgertum, weil ihn im Inneren seiner Seele „Wildheit, […] Unruhe, […] Heimweh und […] Heimatlosigkeit“ (S. 25) quälen. Im Wissen darum, dass ein bürgerliches Leben mit Einschränkungen verbunden wäre, dass er bewusst auf das Absolute, die Wahrheit des Lebens verzichten müsste, gesteht sich der Steppenwolf ein dualistisches Selbstbild zu, d. h., er ist sich bewusst, dass er die Totalität (Gesamheit) seiner Persönlichkeit niemals im bürgerlichen Alltag wird ausleben können. Dies ist die Ursache seines Seelenleidens. (vgl. S. 30)

Selbstbild Hallers

Weltsicht

Außerdem ist er der Meinung, dass es um seine Zeit, in der er lebt, nicht gut bestellt sei, er spricht von einem „sterilisierte[n] Leben“ (S. 35). Die geltenden Normen und Werte verachtet Haller. Er kritisiert die Gesellschaft, v. a. die Kultur, weil es ihr nur um Konsum und oberflächliche Vergnügungen gehe: „Jazz war mir zuwider.“ (S. 49)

Kein Wunder, dass Haller sehr häufig an die Möglichkeit des Selbstmordes denkt. (vgl. S. 29) Doch dazu kommt es nicht: Mit dem Auftauchen Hermines ändert sich der Blick Hallers auf sich selbst und auf das Leben seiner Mitmenschen. Es ist Hermines Einfluss, der ihm die Notwendigkeit deutlich macht, einen anderen Blick auf das Leben zu gewinnen. Durch das Tanzen und Feiern entwickelt er nach und nach eine neue, befreiende Einstellung, die von großer Gelassenheit geprägt ist.

Entwicklung der Figur

Insgesamt ist deutlich geworden, dass Harry Haller die zentrale Figur des Romans ist. In der Entfaltung des sympathischen Helden, der vom Leser gemocht wird, verdeutlicht Hesse seine Kultur- und Gesellschaftskritik. Kritisch sei angemerkt, dass Harry Haller sich letztlich doch nicht entwickelt. Zwischendurch scheint er durch den Einfluss Hermines ein anderer geworden zu sein, doch das ist nicht von Dauer. Er ist am Ende derselbe, der er zu Beginn der Handlung bereits war.

3. Schlussteil

Funktion des Helden

Bewertung der Figur

Hermine

Hermine ist eine wichtige Figur im Roman „Der Steppenwolf" von Hermann Hesse, der 1927 erschienen ist.

1. Einleitung

Haller trifft Hermine, als er sich in einem bedrohlichen Zustand befindet, er ist kurz vor dem Suizid. Dennoch entgeht ihm nicht die Schönheit der jungen Frau. Hermine trägt ein tief ausgeschnittenes Ballkleid (vgl. S. 112), mit ihrem „knabenhaft frisierten Kopf" (S. 114) blickt sie Haller „aufmerksam und freundlich" an. (S. 112) Sie ist eine Kurtisane und lässt sich ihre Aufmerksamkeiten von Männern bezahlen. Hermine hat lesbische Erfahrungen und erscheint auf dem Maskenball als androgyne Person, die von Haller beim „Hochzeitstanz" (S. 213) sogar für seinen Jugendfreund Hermann gehalten wird. (ebd.)

2. Hauptteil

äußere Merkmale

persönliche Informationen

Schnell werden ihre Offenheit und Menschenfreundlichkeit deutlich. Sie verwickelt den deprimiert aussehenden Haller bereits bei ihrer ersten Begegnung in ein intensives, niveauvolles Gespräch über die Art und Weise, wie man

typische Verhaltensweisen, Eigenarten und Charaktereigenschaften

sein Leben gestalten sollte. Der Erzähler, also Haller selbst, empfindet Hermine als gütig und menschenfreundlich. (vgl. S. 113) Das ist auch der Grund dafür, dass Haller sich ihr gegenüber schnell öffnet. Dabei macht es ihm kaum etwas aus, dass Hermine seine Lebensweise und seine Einstellung zu den Mitmenschen kritisiert, denn Hermine gelingt es, immer freundlich und warmherzig zu bleiben. Dabei wird in den Gesprächen mit Harry, die sie meist dominiert und in denen er nur ihr Stichwortgeber ist, deutlich, dass sie keinesfalls nur das oberflächliche Mädchen ist, das an banalen Vergnügungen interessiert ist. Für Hermine besteht Hallers Fehler darin, das Leben einseitig von der intellektuellen, vergeistigten Ebene zu betrachten. Für sie besteht das Leben auch aus Körperlichkeit, aus sinnlichen Vergnügungen wie dem Tanzen oder Sexualität: „Ja, wie kannst du sagen, du habest dir mit dem Leben Mühe gegeben, wenn du nicht einmal tanzen kannst?", fragt sie Haller. (S. 115) Daher besteht ihr Interesse darin, Haller die von ihm vernachlässigte Seite des Lebens nahezubringen: „Du hast also immer schwierige und komplizierte Sachen getrieben, und die einfachen hast du nicht gelernt?" (S. 116) Dafür nutzt sie ihre Freunde, die Harry weitere Aspekte des Lebens zeigen.

Kommunikation/ Gesprächsverhalten

Weltsicht

Beziehung zu anderen Figuren

3. Schlussteil

Zusammenfassung

Zusammenfassend lässt sich sagen, dass Hermine bei aller Kritik nicht der absolute Gegenpol Harrys ist, im Gegenteil. Sie fungiert zugleich als sein Spiegelbild. In mehreren Gesprächen macht sie ihm deutlich, dass sie ebenfalls unzufrieden mit der Realität ist. So ist es ihre primäre Aufgabe, Harry das Lachen beizubringen. Hermines Tod verdeutlicht, dass ihr als eigenständige Figur die Kraft fehlt. Ein unverwechselbares, individuelles Profil gewinnt sie nicht.

Bewertung der Figur

Pablo

1. Einleitung

Neben Hermine ist Pablo die bedeutendste Nebenfigur des Romans „Der Steppenwolf" von Hermann Hesse. Er ist der

Regisseur des Magischen Theaters und nimmt die Gestalt Mozarts an. Was macht also das Wesen Pablos aus?

Zuerst nimmt Haller Pablo als einen rein oberflächlichen, südländisch anmutenden Schönling wahr, der nichts anderes im Kopf hat, als den Damen zu gefallen und Saxophon zu spielen. (vgl. S. 160) Erstaunlicherweise empfindet Haller gegenüber dem „harmlosen hübschen Musikanten" (S. 157) Eifersucht, da er sich die Verehrung, die Hermine für Pablo äußert, nicht erklären kann. Für ihn erscheint Pablo wie ein typischer „Bummler und Vergnügungsmensc[h]" (ebd.), dem es im Leben nur um das eigene Vergnügen geht. Das Wichtigste, so wirkt es anfangs, scheint Pablo die Verwendung der „Kragen und Schlipse neuester Mode" zu sein. (S. 160) Ansonsten scheint der bisexuelle Musiker bloß „nett und artig, hübsch" (S. 161) aus großen Augen die Welt zu betrachten und den Lauf der Dinge hinzunehmen, statt sie – wie Haller dies wünscht – zu gestalten.

2. Hauptteil
äußere Merkmale

Haller ist auch davon irritiert, dass Pablo so gut wie gar nicht redet: „Nein, er sprach nichts, der Señor Pablo, und er schien auch nicht eben viel zu denken, dieser hübsche Caballero." (S. 160) Pablo geht es allein um das Spielen der Musik, das Musizieren fällt ihm leichter als das Reden, seine Sprache scheint die Musik zu sein. Er hat auch eine große Menschenkenntnis. Schon nach seinem ersten längeren Gespräch mit Haller teilt er Hermine mit, dass er diesen für einen sehr unglücklichen Menschen halte: „Armer, armer Mensch. Sieh seine Augen an! Kann nicht lachen." (S. 161) Auch das Schweigen über Musik ist nicht Ausdruck von Ignoranz und Unwissenheit, sondern intellektuell durchdacht: „Ich spreche niemals über Musik." (S. 170) Es kommt für Pablo vielmehr darauf an, „daß man so gut und so viel und so intensiv wie möglich musiziert" (ebd.) und seine Zuhörer unterhält.

Sprachgebrauch und Sprachverhalten

Weil Haller Pablos Interesse erregt, begegnen sich die beiden häufiger. Pablo zeigt sich Haller gegenüber höflich

Charaktereigenschaften

und freundlich (vgl. S. 169). Selbst nachdem Haller „bei einem dieser ergebnislosen Gespräche" über den Charakter der Musik gereizt auf Pablos scheinbare Gleichgültigkeit reagiert, behält Pablo die Ruhe und bietet Haller sogar Kokain an. (S. 169) In der Mischung und Dosierung sei er ein wahrer Meister. Er empfiehlt Haller den Drogenkonsum als „Mittel zum Betäuben von Schmerzen", „zur Erzeugung schöner Träume", „zum Lustigmachen". (S. 169f.) Auch an anderer Stelle zeigt Pablo, dass er fürsorglich ist und über menschliche Wärme verfügt, von der auch andere Mitmenschen profitieren. Im Laufe der Zeit merkt auch Haller, dass Pablo ein interessanterer Mensch ist, als er vermutet hatte – Pablo ist die Personifikation all der Dinge, die Haller fehlen. Er stellt also eine Art Gegenfigur zu Hesses Protagonisten dar. Pablo macht Haller mit denjenigen Aspekten seiner Persönlichkeit vertraut, die dieser bis dato verdrängt hat.

Verhältnis zu den Figuren

Im Magischen Theater führt Pablo als Regisseur Haller durch dessen ureigenste innere Visionen und sorgt dafür, dass Haller sich in unzählige Teilpersönlichkeiten auflöst und sich in der Totalität seiner Persönlichkeit erkennt. Nun ist Pablo – anders als zu Beginn des Romans – äußerst gesprächig. Er ist es, der Haller sagt, was er tun muss, um glücklich zu werden.

3. Schlussteil

Funktion und ...

Ähnlich wie Maria oder die für den Romanverlauf wahrscheinlich wichtigste Nebenfigur Hermine gewinnt die Figur des Pablo seine Bedeutung aus den Erkenntnissen, die sie dem Protagonisten des Romans vermittelt. Pablo hat eine dienende Funktion. Hesse nutzt diese Figur, um Haller bisher unbekannte Persönlichkeitsbestandteile und eine neue, befreiende Sicht auf das Leben zu offerieren. Im Laufe der Zeit gewinnt Pablo immer mehr an Bedeutung. Am Ende der Romanhandlung verwandelt er sich in Mozart, einen Unsterblichen. Damit wird die große Bedeutung Pablos sichtbar. Daher ist es kein Wunder, dass mit dieser

Figur auch der gesamte Roman endet: „Pablo wartete auf mich. Mozart wartete auf mich." (S. 278)

... Bedeutung für den gesamten Roman

Maria

1. Einleitung
Funktion

In Hermann Hesses Roman „Der Steppenwolf" (1927) ist die junge Prostituierte Maria die Komplementärfigur Pablos. Wie schon bei dem Jazzmusiker ist es auch hier Hermine, die Maria mit Harry Haller bekannt macht. Sie spielt mit Blick auf Harry Hallers Entwicklung eine wichtige Rolle.

2. Hauptteil
sozialer Status und Beruf

Auf Harry wirkt die vom Geld anderer Männer lebende junge Blondine „mit den vollen, fraulichen Armen" (S. 158) anziehend, auch wenn er der Aufforderung Hermines, mit Maria zu tanzen, nur zögerlich nachkommt. Die „schöne Maria" (S. 176) steht für die von Harry bisher nicht realisierten Möglichkeiten der Liebe, insbesondere der erotischen, körperlichen Liebe. Marias Funktion besteht allein darin, Harry auf die bisher ungelebten Aspekte seiner Existenz aufmerksam zu machen: „Gefalle ich dir denn noch, du? Neulich beim Tanzen warst du sehr verliebt." (S. 177)

Wesensmerkmale

Trotz ihrer einfachen Sprache („Oh, Sie sind böse darüber. Ich gehe wieder", S. 176) folgt sie den Anweisungen Hermines mit großer Konsequenz. Es ist Maria, welche die Initiative übernimmt und eines Abends einfach so im Bett Hallers liegt und diesen verführt. (vgl. S. 176) Warmherzig erscheint sie zu jedem Zeitpunkt des Romans, eine Veränderung oder Entwicklung ist nicht erkennbar.

Sprache und Kommunikation

Verhältnis zu anderen Figuren

Indem die Figur der Maria eingeführt wird, macht Hesse die Liebes- und Lebensfeindlichkeit seines Helden nochmals deutlich. Das bisherige asketische Leben Hallers, geprägt durch Weltferne, Verzicht auf Erotik, Körperlichkeit und Drogen, durch Reflexion und Analyse, wird um die Lebensart Marias erweitert. Weil Harry mit Maria glückliche Stunden verbringt, wächst sein Zweifel an seiner bisherigen steppenwölfischen Lebensart. Haller begreift, dass er bisher am echten Leben „vorbeigelebt" hat, und gewinnt

Aufgabe

Freude an Marias Welt der Unterhaltung, der Drogen und erotischen Liebe.

3. Schlussteil
Gesamtdeutung/ Zusammenfassung
Einbettung in den Gesamtkontext des Romans

In der überwiegend sexuellen Beziehung von Maria und Haller gelingt es Maria, einige hartnäckige Verkrampfungen Hallers zu lösen. Dennoch wird am Ende deutlich, dass Haller in dieser Welt der oberflächlichen Genüsse auch nicht glücklich werden kann. Die Beziehung zu Maria tut ihm zwar gut, sie verjüngt und erfüllt ihn und heilt seine Neurose. Sie ist aber nur eine wichtige Durchgangsstation auf dem Weg zum Höhe- und Endpunkt des Entwicklungsprozesses Hallers im Magischen Theater.

Der Blick auf den Text: Die Analyse eines Erzähltextes

Einen Romanauszug analysieren – Tipps und Techniken

Bevor Sie im Rahmen einer Textanalyse (Beschreibung und Deutung eines Textes) mit dem Schreiben beginnen, empfehlen sich die nachfolgend aufgeführten Vorarbeiten.

Arbeitsschritte

a) erstes Lesen des Textes/Textauszugs; erste Leseeindrücke notieren
b) erneutes, zweites und gründlicheres Lesen, um zu einem vertiefteren Verständnis zu gelangen
c) Arbeit am Text: Markierungen, Unterstreichungen, Randbemerkungen
d) Ergebnisse der Textarbeit stichpunktartig festhalten, z. B. in Form einer Mindmap
e) Gliederung/Schreibplan aus den Stichpunkten erstellen; Entscheidung für lineares oder aspektgeleitetes Vorgehen
f) Textproduktion: Ausformulierung der einzelnen Teile der Textanalyse; im Hauptteil darauf achten, dass zentrale Aussagen und Deutungen mit Zitaten oder Textverweisen belegt werden; schreiben Sie sachlich-informierend im Präsens; nutzen Sie Ihnen bekannte Fachbegriffe
g) Textrevision: abschließendes Lesen des eigenen Textes und ggfs. Überarbeitung

Wenn Sie einen epischen Text analysieren sollen, geht es darum, genau zu untersuchen, wie er aufgebaut ist, auf welche Weise er seine Wirkung erzielt bzw. welche besonderen Merkmale epischer Texte er aufweist. Haben Sie die epische Großform, also einen Roman wie z. B. den „Step-

penwolf", im Unterricht behandelt, geht es bei einer entsprechenden Analyseaufgabe meist um die genauere Betrachtung eines bestimmten Textauszugs, eventuell noch um einen Vergleich von zwei Auszügen, die Unterschiede aufweisen.
Ihren Aufsatz gliedern Sie am besten in Einleitung, Haupt- und Schlussteil.

Einleitung
In der Einleitung nennen Sie die äußeren Merkmale des Textes, also Autor, Titel, das Jahr der Erscheinung sowie die Textsorte. Im Anschluss muss das Thema des Textes/Textauszugs genannt werden, d.h. die zentrale Problematik oder Fragestellung.

Hauptteil
Der Hauptteil Ihrer Textanalyse beginnt mit einer kurzen Inhaltsangabe des zu analysierenden Texts. Im Vergleich zu der eigentlichen Aufgabe, der Deutung des Textes/Textauszugs, sollten Sie unbedingt darauf achten, dass Ihre Inhaltsangabe wirklich knapp gehalten ist, dabei aber die zentralen W-Fragen beantwortet. Haben Sie – wie im Fall des Romans „Der Steppenwolf" – einen Auszug aus einem umfangreicheren Werk zu analysieren, sollten Sie an dieser Stelle den Textauszug **in den Gesamtkontext** des Romans **einordnen,** also deutlich machen, ob die Sequenz am Anfang, in der Mitte oder aber am Ende des Romans spielt und welche Ereignisse sich direkt vor bzw. nach dem Textauszug ereignen. Hierfür ist genaue Textkenntnis absolut erforderlich.
Im Anschluss an die kurze Inhaltsangabe stellen Sie Ihre Untersuchungsergebnisse systematisch vor. Dabei haben Sie die Wahl zwischen der Linearanalyse bzw. der aspektgeleiteten Analyse.
Bei der **Linearanalyse** analysieren Sie die einzelnen Abschnitte des Textauszugs Schritt für Schritt, d.h. in der vorlie-

genden Reihenfolge. Dafür sollten Sie den Text vorab gegliedert und in Sinnabschnitte eingeteilt haben. Es ist hilfreich, den Sinnabschnitten zusammenfassende Überschriften zu geben. Auf diese Weise fällt es häufig leichter, Änderungen oder Entwicklungen auf der Textebene zu erkennen und in ihrer Funktion zu beschreiben. Wenn Sie strikt chronologisch, also linearanalytisch vorgehen, gelangen Sie in der Regel zu genauen und detaillierten Ergebnissen. Dabei kann es Ihnen jedoch passieren, dass Sie den übergeordneten Deutungsschwerpunkt Ihres Textes nicht ausreichend genug berücksichtigen, denn nicht allen zu untersuchenden Aspekten im Rahmen einer Textanalyse kommt immer die gleiche Bedeutung zu. Manchmal sind sprachliche Figuren wie Metaphern oder Symbole dominant, in anderen Fällen muss man die syntaktischen Besonderheiten des Textes erfassen.
Bei einer **aspektgeleiteten Analyse** entscheiden Sie dann eigenständig und vorab, welche Gesichtspunkte sich sinnvollerweise an dem Text untersuchen lassen. Eine aspektgeleitete Analyse weist eine höhere Problemorientierung und Zielrichtung auf. Deutungsaspekte, die nicht im Fokus des Interesses stehen, werden vernachlässigt. Wenn Sie sich bei der Vorarbeit unsicher sind, wo die Schwerpunkte der Analyse liegen könnten, sollten Sie die systematische Linearanalyse wählen.
In beiden Fällen ist es im Rahmen der Textanalyse hilfreich, folgende Fragen für sich zu beantworten:

- Worin besteht der zentrale Konflikt, das Problem?
- Wie verläuft die Handlung, wie ist der Text aufgebaut? Gibt es eine Entwicklung oder einen Spannungsbogen vom Anfang bis zum Ende des Textes? Kann man zwischen einer Haupt- und Nebenhandlung unterscheiden?
- Welche Bedeutung hat der Titel? In welchem Zusammenhang stehen Titel und Erzähltes?

- Wodurch zeichnet sich der Charakter der Figuren aus? Welche Beziehung besteht zwischen den Figuren? Wie entwickelt sich die Beziehung?
- Welche Atmosphäre herrscht vor? Wo spielt die Handlung? Kommt dem Handlungsort eventuell symbolische Bedeutung zu? Zu welcher historischen Zeit spielt die Handlung? In welchem Verhältnis stehen Erzählzeit und erzählte Zeit?
- Gibt es Auffälligkeiten in Syntax (Satzbau) und Wortwahl? Kommen rhetorische Mittel oder bildhafte Ausdrücke wie z. B. Metaphern oder Alliterationen zum Einsatz? Welche Wirkung wird dadurch erzielt? Ist der Stil des Textes eher gehoben oder alltagssprachlich? → Fragen Sie sich hier immer nach der Bedeutung, Wirkung bzw. Funktion des von Ihnen erkannten Merkmals.
- Welche Erzählperspektiven kommen vor? (Innen- oder Außensicht) Welchen Erzählstandort nimmt der Erzähler ein? (Distanz oder Nähe) Welches Erzählverhalten (personal, neutral, auktorial) liegt vor? Welche Erzählform hat der Autor gewählt? (Ich-Erzählung, Er-/Sie-Erzählung) Welche besonderen Formen der Redewiedergabe fallen auf? (Erzählbericht, erlebte Rede, direkte oder indirekte Rede, innerer Monolog, Bewusstseinsstrom u. v. m.)

Schlussteil

Im Schlussteil gilt es, die zentralen Untersuchungsergebnisse zusammenzufassen und aus ihnen heraus eine allgemeine Deutung des Textes zu formulieren. Dabei sollten Sie erläutern, welche Aussage- bzw. Wirkungsabsichten der Text für Sie hat. Ganz zum Schluss können Sie den Text beurteilen. Bei älteren Texten ist es oft möglich, nach ihrer Bedeutung und Aktualität für heutige Leser zu fragen.

Im Folgenden wird ein (leicht abgeänderter und überarbeiteter) Schüleraufsatz vorgestellt, der Ihnen bei der Orientierung hilfreich sein kann. Der Aufsatz ist gelungen, ist aber nicht die einzige richtige Lösung, sondern soll Ihnen als Anregung dienen.

Übungsvorschlag: Erstellen Sie mithilfe der Informationen zur Analyse eines Erzähltextes zuerst einen eigenen Aufsatz und vergleichen Sie diesen im Anschluss mit der Schülerlösung. Überprüfen Sie: An welchen Stellen erscheint Ihnen Ihre eigene Lösung sinnvoller? Welche Anregungen können Sie dem Schüleraufsatz entnehmen?

Beispielanalyse „Professoren-Ereignis" (linear)

Aufgabe: ***Analysieren Sie das „Professoren-Ereignis" aus dem Roman „Der Steppenwolf" von Hermann Hesse. (S. 103/Z. 5–S. 109/Z. 7, „Der Abend wurde denn auch entsprechend wunderbar … für mich viel mehr Bedeutung als für den indignierten Professor.")***

Einleitung mit ersten Informationen

Der vorliegende Textauszug stammt aus dem 1927 erschienenen Roman „Der Steppenwolf" des Dichters Hermann Hesse. Das „Professoren-Ereignis" handelt vom letzten Versuch Harry Hallers – der Hauptfigur des Romans –, sich in das gehobene Bürgertum zu integrieren. Dabei werden dem Leser durch die Geschehnisse die Verlogenheit und Leere der bürgerlichen Werte vor Augen geführt.

Thema/zentrale Arbeitsfrage

Hauptteil

Die Szene beginnt noch vor dem Haus des Haller schon bekannten Professors. Harry Haller beschäftigen einige kritische Gedanken. Anders als der Professor hat er längst die Nutzlosigkeit von Wissenschaft durchschaut, er glaubt nicht mehr an den Fortschritt der Menschheit. Haller betritt das Haus und wird in ein Dienstzimmer geführt. Hier nimmt er zum ersten Mal das für den weiteren Abend entscheidende Bild wahr. Es handelt sich um eine kleine gerahmte Radierung, die den Dichter Goethe zeigt. Haller missfällt die eitle Darstellung des Dichters. Im folgenden Gespräch mit dem Professor und seiner Frau geht es Ersterem um einen Vaterlandsverräter, der Hallers Namen trägt und vom Professor aufgrund seiner Kritik am deutschen Militarismus kritisiert wird. Der Professor geht davon aus, dass es sich bei dieser in den Zeitungen erwähnten Person nicht um Haller selbst, sondern um eine Art Doppelgänger handelt. Obwohl Hesses Held weiß, dass es in dem Zeitungsartikel um ihn selbst geht, löst er das Missverständnis nicht auf. Beim anschließenden Essen bemerkt Haller, dass sich die Gesprächspartner nichts zu sagen haben. Am Ende kommt man auf das Bildnis Goethes zu sprechen. Dabei wirft Harry alle Regeln des Anstands über Bord und kritisiert gnadenlos die Eitelkeit und edle Pose, mit welcher der Künstler Goethe dargestellt habe. Wie sich herausstellt, ist die Radierung jedoch die Lieblingszeichnung der Frau des Hauses. Auf Hinweis des Professors sieht Haller sein allzu schroffes, unhöfliches Verhalten ein. Nachdem er sich entschuldigt hat, verabschiedet er sich.

kurze Inhaltsangabe

Das „Professoren-Ereignis" wird ungefähr zu Beginn des zweiten Teils der Aufzeichnungen Harry Hallers erzählt, es folgt somit auf die theoretischen Ausführungen des Traktats vom Steppenwolf.

Einordnung in den Gesamtkontext

Der vorliegende Romanauszug lässt sich auf inhaltlicher Ebene in drei Sinnabschnitte untergliedern: Im ersten Abschnitt (S. 103/Z. 5–22) wird beschrieben, wie Haller vor dem Haus des Professors steht und welche kritischen Gedanken ihm bereits jetzt durch den Kopf gehen. Es folgt der Hauptteil (S. 103/Z. 22–S. 108, Z. 31), in dem Haller sich im Haus des Professors befindet. Dieser Sinnabschnitt ist der Kern des Romanauszugs.

Gliederung in Sinnabschnitte

Der dritte Abschnitt (S. 108/Z. 31 – S. 109/Z. 7) schließt mit den deprimierenden Gedanken des Helden, die diesem nach seinem Besuch durch den Kopf gehen.

Noch bevor er das entlarvende Gespräch mit dem Professor führt, weiß er bereits um dessen Oberflächlichkeit und geringes Reflexionsvermögen, denn der Professor „glaubt an den Wert seines Tuns, er glaubt an die Wissenschaft, deren Diener er ist, [...] er glaubt an den Fortschritt, an die Entwicklung". (S. 103) Dies ist deshalb von Bedeutung, weil auf diese Weise noch vor dem Gespräch, das katastrophal verläuft, deutlich wird, dass Haller keine Hoffnungen in das Gespräch setzt. Für ihn steht bereits fest, was er von dem Professor zu halten hat. Eine echte Chance gibt er ihm nicht, da er allzu naiv („er sieht nichts [...]", S. 103), unerfahren („Er hat den Krieg nicht miterlebt", ebd.), vorurteilsbeladen („er hält Juden und Kommunisten für hassenswert", ebd.) und oberflächlich sei („gedankenloses, vergnügtes [...] Kind", ebd.). Das dann folgende Gespräch eröffnet Haller somit nichts Neues, sondern bestätigt nur das, was er ohnehin schon weiß: Er als Steppenwolf kann in der verlogenen Welt des Bürgertums keine Heimat finden.

Belegen durch Zitieren

Haller kann es nicht ertragen, wenn naive und banale Menschen wie die Ehefrau des Professors, deren Lieblingsbild Haller kritisiert (vgl. S. 107), sich mit Goethe schmücken. Dies empfindet er als eine Art Entweihung und würdelosen Umgang mit dem Wahren, Schönen und Guten. Damit sind die Werte gemeint, für die der Klassiker Goethe hier steht.

externes Wissen einbringen

Der Abstand, der zwischen dem ehemaligen Bürger Haller und den Repräsentanten des Bürgertums herrscht, wird nicht nur durch die Räumlichkeiten und das rüde, manchmal unhöfliche Verhalten Hallers („nicht so kraß ausdrücken", S. 107) deutlich gemacht. Die Heimatlosigkeit und Verzweiflung Hallers wird auch durch die Sprache verdeutlicht. Beispielsweise bewirkt die Anaphorik, dass der Leser

Sprache

Analyse ausgewählter sprachlicher Figuren

Hallers negative Einschätzung des Professors teilt („er glaubt […], […] er ist, er glaubt […], denn er glaubt an den Fortschritt […]. Er hat […], er sieht nichts davon", S. 103). Für Hesse charakteristisch sind auch die häufigen Dopplungen, die die Aussage verstärken und bekräftigen („Zug von […] Einsamkeit und Tragik", S. 104, sowie „Schiefheit und Komik der Situation", S. 105). Eine Alliteration verstärkt die kritische Deutung der Radierung, der „Beherrschtheit und Biederkeit" (S. 104) zugeschrieben werden.

Erzählperspektive

Noch wichtiger aber als die häufigen Dopplungen und Wiederholungen ist die gewählte Erzählperspektive der Sequenz: Der Leser erfährt den Ablauf des peinlichen Geschehens zum einen aus der Außensicht. Interessanter ist die Dominanz der Innensicht des Helden. Der Leser hat teil an den innersten Gedanken und Sorgen Hallers („Da wohnt dieser Mann, dachte ich […]", S. 103), während er über die Gedanken des Professors und dessen Frau wenig erfährt. Dies trägt zur Identifikation des Lesers mit Harry Haller bei. Hesse lenkt also durch die Wahl der Erzählperspektive den Leser in die von ihm beabsichtigte Richtung. Die gleiche Wirkung erzielt der Autor durch das personale Erzählverhalten, da Haller den gesamten Abschnitt über in der Ich-Form erzählt.

Wirkung und Funktion

Erzählverhalten

Erzählform

Wie bereits erwähnt, verläuft das Gespräch zwischen Haller und dem Professor katastrophal. Der Grund dafür liegt zum einen in der bereits erwähnten negativen Voreinstellung Hallers gegenüber dem Bürgertum, auf der anderen Seite fühlt sich der Held nicht wohl, weil er das Gefühl hat, permanent lügen zu müssen: „Sie fragten mich nach lauter Dingen, auf welche eine aufrichtige Antwort nicht zu geben war, bald hatte ich mich festgelogen und kämpfte mit dem Ekel bei jedem Wort." (S. 106) Das Zitat macht deutlich, dass in Haller ein innerer Konflikt abläuft, der Held fühlt sich bedroht und befindet sich in Gefahr: „Es lag etwas gegen mich auf der Lauer, fühlte ich […]." (ebd.) Dennoch versucht der Künstler alles, um seinen Gastgebern gegenüber

Deutung und Einordnung des Geschehens

nicht negativ aufzufallen. Dies gelingt, bis er nach dem Essen erneut das seiner Meinung nach abstoßende und missratene Bildnis Goethes sieht. Die erneute Konfrontation mit dem Bildnis wirkt auf Haller wie ein Ventil: Seine aufgestauten Impulse gegen die verlogenen Maßstäbe des mittelmäßig begabten Bürgertums gelangen nun an die Oberfläche, sodass Haller alle Höflichkeit fahren lässt und offen ausspricht, was er wirklich denkt. Kein Wunder, dass Haller nach dieser Kritik sehr schnell das bürgerliche Haus verlässt.

Damit beginnt der kurze dritte Teil des vorliegenden Textauszugs (S. 108/Z. 31 – S. 109/Z. 7). In den wenigen Sätzen erfolgt eine Einschätzung Hallers zu seinem Erlebnis. Hesses Protagonist ordnet das Geschehen unter seinem Selbstbild vom zerrissenen Steppenwolf ein. Für ihn hat gerade ein Kampf „zwischen den beiden Harrys" (S. 109) stattgefunden. Über den Sieger dieses Kampfes zwischen dem bürgerlich integrierten Journalisten und Künstler und dem asozial-einsamen Steppenwolf kann es keinen Zweifel geben: Der Steppenwolf hat gesiegt.

Die Ergebnisse der Textdeutung im Hauptteil lassen sich wie folgt zusammenfassen: Das „Professoren-Ereignis" kann als letzter Versuch Harrys angesehen werden, doch noch ins Bürgertum integriert zu werden. Dieser Versuch scheitert. Damit bleiben dem Steppenwolf noch zwei Lösungen. Die radikalste davon schildert Haller direkt im Anschluss an die Episode, er droht mit Selbstmord. Auf der anderen Seite hat er, nachdem er alle Zelte hinter seiner bürgerlichen Existenz abgebrochen hat, auf nichts und niemanden mehr Rücksicht zu nehmen. Eine solche Situation kann auch als befreiend erlebt werden, denn damit sind die Voraussetzungen erfüllt für das, was noch kommen wird: Haller trifft Hermine im „Schwarzen Adler" und lässt sich auf die Kurtisane ein. Dies rettet sein Leben und eröffnet ihm eine neue Perspektive, die mit dem Magischen Theater endet.

Schlussteil

Zusammenfassung

Ausblick

Textauszüge vergleichen – Tipps und Techniken

Neben der klassischen Textanalyse wird im Unterricht der gymnasialen Oberstufe häufig auch ein Textvergleich gefordert. Zumeist werden dabei zwei kleinere Textauszüge angeboten, die inhaltlich und/oder formal miteinander zu vergleichen sind. Je nach Aufgabenstellung erhalten Sie entweder konkrete Hinweise, auf welche Vergleichsaspekte besonders geachtet werden soll, oder die Aufgabenstellung ist offen formuliert, sodass es die Aufgabe des Interpreten ist, die Vergleichsaspekte zu erarbeiten. Der in der Oberstufe und im Abitur häufig anzutreffende Aufgabentypus, der den Vergleich ohne genaue Hinweise auf Vergleichsaspekte einfordert, ähnelt dem Aufgabentypus der aspektgeleiteten Textanalyse (s. auch S. 107). Dies ist deshalb von Bedeutung, weil es für den Interpreten schon aus Zeitgründen unmöglich ist, auf sämtliche Details einzugehen. Dies ist zumeist auch nicht sinnvoll, da nicht allen Aspekten die gleiche Bedeutung für das Verständnis zukommt. Bei den Vorarbeiten kommt es darauf an, die wesentlichen formalen wie inhaltlichen Aspekte bzw. Kriterien zu identifizieren, bei denen sich ein Vergleich lohnt.

Arbeitsschritte/Vorarbeiten

Vor dem Verfassen des Textvergleichs sind folgende Arbeitsschritte empfehlenswert:

a) erstes Lesen beider Texte, erste Leseeindrücke notieren
b) erneutes, zweites und gründlicheres Lesen, dabei Texte mit Markierungen, Unterstreichungen und Randbemerkungen versehen
c) Reflexion: Beim Betrachten Ihrer Markierungen, die sich sowohl auf inhaltliche als auch auf formale Besonderheiten beziehen können, suchen Sie nach Kriterien, anhand derer sich ein Textvergleich durchführen lassen könnte.

d) Machen Sie sich klar, worin die Gemeinsamkeiten und Unterschiede in den Aussagen bestehen, welche die beiden Texte zu den von Ihnen ausgewählten Aspekten machen. Ob sich Ihre Vergleichsaspekte umsetzen lassen, finden Sie am besten heraus, wenn Sie dazu eine Tabelle anlegen und in dieser stichpunktartig die Ergebnisse notieren:

Vergleichsaspekt	Text A	Text B
Figuren		
Sprache		
Syntax		
Thema		
…		

e) Klären Sie nach Beendigung Ihrer Vorarbeiten, worin die zentralen Gemeinsamkeiten und Unterschiede der Texte bestehen. Formulieren Sie diese jeweils in einem zusammenfassenden Satz. Fragen Sie sich abschließend, was die Unterschiede bzw. Gemeinsamkeiten bedeuten könnten.

f) Formulieren Sie nun Ihren Aufsatz mit Einleitung, Hauptteil und Schluss. Achten Sie darauf, dass Sie zu Beginn des Hauptteils beide Texte kurz inhaltlich zusammenfassen, bevor Sie mit dem aspektgeleiteten Vergleich beginnen. Ansonsten können Sie sich an den Hinweisen zur Linearanalyse (s. S. 106) orientieren.

Bei dem folgenden Text handelt es sich um einen leicht abgeänderten, überarbeiteten und gekürzten Schüleraufsatz, der bei der Orientierung hilfreich sein kann. Der Aufsatz ist gelungen, ist aber nicht die einzige richtige Lösung, sondern soll Ihnen als Anregung dienen und Impulse für einen eigenen Textvergleich liefern.

Beispielanalyse Textvergleich (aspektgeleitet)

Aufgabe: Vergleichen Sie den Textauszug aus dem Traktat (S. 75/Z. 11–S. 79/Z. 25, „Die Zweiteilung in Wolf und Mensch ... sich ebenso viele Mühe gegeben hat.") mit der „Anleitung zum Bau der Persönlichkeit" aus dem Magischen Theater (S. 244/Z. 15–S. 248/Z. 11, „Das schien mir beachtenswert ... Ich wünsche viel Vergnügen, mein Herr.").

Einleitung

Nennung der Textauszüge

Thema/Arbeitsfrage

Die beiden Textauszüge stammen aus Hermann Hesses Roman „Der Steppenwolf", der im Jahr 1927 erstmals veröffentlicht wurde. Der erste Auszug ist dem „Traktat" vom Steppenwolf entnommen. Das Traktat unterbricht die „normale" Romanhandlung, die aus der Sicht des Intellektuellen Harry Hallers erzählt wird. Der innerlich zerrissene Held bekommt das Traktat von einem Jahrmarktsverkäufer zugespielt (vgl. S. 52) und liest es. Wie auch im zweiten Textauszug, bei dem es sich um eine Sequenz aus dem Höhepunkt des Romans – dem Magischen Theater – handelt, geht es thematisch um die Frage, wie man sein Leben gestalten sollte, um glücklich zu werden. Im Rahmen des Textvergleichs ist die Frage zu klären, was beide Auszüge miteinander zu tun haben bzw. verbindet, obwohl der eine am Anfang, der andere am Ende des Romans steht.

Hauptteil

Einordnung der Sequenzen

Der erste Textauszug stammt aus dem Traktat. Dieses findet sich im ersten Drittel des Romans, der mit dem Vorwort des Herausgebers beginnt. Im Anschluss erfolgt ein Abschnitt, in welchem Hesses Held Harry Haller aus seiner subjektiven Sicht erzählt. Das Leiden des Steppenwolfs – Grund dafür ist seine Umwelt, die Verlogenheit des Bürgertums –, aber auch seine unstillbare Sehnsucht nach der Einfachheit und Geborgenheit werden aus personaler Sichtweise geschildert. Damit der Leser der Geschichte mehr

Glauben schenkt, wendet Hesse einen formalen Kunstgriff an: Er lässt Haller ein Traktat bekommen, welches in scheinbar wissenschaftlicher Sprache den abendländischen Dualismus, das vereinfachende Schwarz-Weiß-Denken der Menschen als Ursache dafür ausmacht, dass die Menschen ein unglückliches, nicht erfülltes Dasein verbringen.

kurze Inhaltsangabe

Anders als beim Traktat wird der zweite Textauszug aus der Sicht Harry Hallers geschildert. Der Auszug steht am Ende des Romans und ist Teil des „Magischen Theaters". Dieses ist nicht real, sondern eher symbolisch als eine Reise in das eigene Innere zu verstehen. Die Visionen, die Haller dort erlebt, sind eher fantastischer als wirklicher Natur. Eine dieser Visionen des Magischen Theaters, durch das Hallers neuer Freund Pablo führt, ist die *„Anleitung zum Aufbau der Persönlichkeit"*. Harry trifft in einem stillen Raum (vgl. S. 244) auf einen Pablo ähnlichen Mann, der ihm mittels eines Schachbrettes „Unterricht über den Aufbau der Persönlichkeit" (S. 245) erteilt. Er hält Harry einen Spiegel vor das Gesicht, sodass dieser die Einheit seiner Person in viele Ichs zerfallen sieht. Für den Lehrer ist dieser Zerfall eine wesentliche Voraussetzung für ein neues Leben, d.h. für die Möglichkeit, auf dem Schachbrett des Lebens neue, ungeahnte Schachzüge auszuprobieren und so das Leben in seiner Totalität kennenzulernen.

Vergleichsaspekt: Figuren

Vergleicht man die Figuren, die in den beiden Textauszügen vorkommen, miteinander, so fällt als Erstes auf, dass der Verfasser des Traktats unbekannt ist. Das Traktat wird Haller von einer Art Jahrmarktsverkäufer in die Hände gespielt, der weitere Aussagen über sich selbst verweigert. Darin ähnelt er dem Schachspieler, der ebenfalls auf die Unwichtigkeit von Namen hinweist: „Ich bin niemand [...] Wir tragen hier keine Namen, wir sind hier keine Personen. Ich bin ein Schachspieler." (S. 245) Von der Botschaft, die alle Menschen betrifft, sollen keine individuellen Namen ablenken.

Vergleichsaspekte: **Sprache und Syntax**

Auf sprachlicher Ebene fallen eher die Unterschiede ins Auge. Der Auszug aus dem Traktat ist theoretisch und abstrakt verfasst. Die Sätze sind lang, häufig ineinander verschachtelt und es finden sich viele Dopplungen bzw. Wiederholungen, die das Gesagte unterstreichen sollen: *„Die Zweiteilung in Wolf und Mensch, in Trieb und Geist, durch welche Harry sich sein Schicksal verständlicher zu machen sucht, ist eine sehr grobe Vereinfachung, eine Vergewaltigung des Wirklichen zugunsten einer plausiblen, aber irrigen Erklärung der Widersprüche, welche dieser Mensch in sich vorfindet und die ihm die Quelle seiner nicht geringen Leiden zu sein scheinen."* (S. 75) Ganz anders ist die Syntax beim zweiten Auszug. Hier findet sich viel szenisches Erzählen. In leicht lesbarer Dialogform (vgl. S. 245) werden Haller die Vorzüge der Schizophrenie (ebd.) erläutert. Der lehrhaft-didaktische Charakter, den das Traktat auszeichnet, findet sich allerdings auch ansatzweise in diesem Auszug: „Dies ist Lebenskunst, sprach er dozierend." (S. 247)

Vergleichsaspekt: **Thema**

Am wichtigsten beim Vergleich beider Textauszüge scheint die thematische Nähe zu sein. Im Traktat geht es um die Aufteilung in Wolf und Mensch, Trieb und Geist, die Harry und mit ihm alle Menschen des Abendlandes vorgenommen hätten. Dies sei ein fataler Fehler, da diese dualistische Denkstruktur die Vielfalt des Menschen vergewaltige. (vgl. S. 75f.) In einem Menschen würden viel mehr Potenziale und Persönlichkeitsschichten stecken, das menschliche Leben *„schwingt zwischen tausenden, zwischen unzählbaren Polpaaren"*. (S. 76) Es sei ein Fehler, sich den Menschen als eine Einheit vorzustellen. Anders als Goethes Faust es meine („Zwei Seelen wohnen, ach, in meiner Brust!"), sei der Mensch in Wirklichkeit eher einer aus hundert Schalen bestehenden Zwiebel ähnlich. Dieser Vergleich (vgl. S. 79) soll verdeutlichen, dass es sich lohnt, jede einzelne Zwiebelschale abzuziehen. Darunter verbirgt sich meist ein überraschendes und den Menschen bereicherndes Ge-

Deutungsschwerpunkt

heimnis. (ebd.) Wer diesen Vergleich nicht versteht, dem wird im Magischen Theater geholfen: Das Bild des Schachspielers, der seine Figuren, „alle die Greise, Jünglinge, Kinder, Frauen“, auf seinem Brett zu einem neuen Spiel, zu neuen Gruppen, Familien, Kämpfen, Freundschaften und Gegnerschaften aufbaut (S. 246f.), ist anschaulicher und konkreter gewählt als das der Zwiebel.

Schluss

Zusammenfassung der Ergebnisse

Der Textvergleich hat vor allem auf thematischer Ebene gezeigt, dass beide Auszüge in einem engen Zusammenhang stehen. Während der erste Auszug aus dem Traktat in wissenschaftlicher Sprache eine etwas abgehobene Theorie entfaltet, geht es in der Vision im Magischen Theater um die konkrete Ausgestaltung dieser Theorie. Durch das Bild des Schachspielens wird dem Leser weitaus anschaulicher als durch die Theorie des Traktats gezeigt, dass er in seinem Leben viele neue Wege gehen kann, wenn er den Mut dazu aufbringt, unkonventionelle Züge zu vollziehen. Kommt man auf die in der Einleitung gestellte Frage zurück, geht es somit im ersten Auszug um das Erkennen als Voraussetzung des Erlebens, das im Magischen Theater exemplarisch vorgeführt wird.

Der Blick auf das Abitur: Themenfelder

Dieses Kapitel kann zur unmittelbaren Vorbereitung auf eine Prüfung genutzt werden, sowohl auf eine Klausur als auch auf die schriftliche oder mündliche Abiturprüfung. Dafür werden die zentralen Themenfelder des Romans jeweils in übersichtlicher Form eines Schaubildes visualisiert. Eine kommentierte Linkliste kann für eine mögliche Weiterarbeit und Recherche nach Zusatzinformationen im Internet als Hilfe dienen.

Sie können die schematischen Übersichten dazu nutzen, um

- die wesentlichen Deutungsaspekte des Romans kurz vor der Prüfung überblicksartig zu wiederholen,
- sich die Kerngedanken des Romans nochmals in Erinnerung zu rufen, diese selbstständig zu reflektieren und
- mögliche Verständigungslücken aufzuarbeiten.

Die folgenden Schaubilder können jedoch nur dann sinnvoll genutzt werden, wenn die vorangegangenen Kapitel durchgearbeitet wurden. Die vorgenommene Schwerpunktsetzung resultiert einerseits aus der systematischen Auswertung der Sekundärliteratur zum Roman und beruht andererseits auf jahrelanger Prüfungspraxis. Viel Erfolg.

Übersicht I: Gattungstheoretische Einordnung des Romans: Ist „Der Steppenwolf“ ein Bildungsroman?

Definition des Bildungs- und Entwicklungsromans

- spezifischer dt. Romantypus mit Ursprung in der Weimarer Klassik (Bsp.: Goethes „Wilhelm Meister“)
- Inhalt: Darstellung der inneren Entwicklung einer Person von einer sich selbst noch nicht bewussten Jugend hin zu einer in der Gesamtheit seiner Anlagen ausgereiften Persönlichkeit, die gesellschaftlich und sozial integriert ist
- Romangeschehen: dreht sich vor allem um *eine* zentrale Figur
- Darstellung des Bildungsprozesses, der über Erlebnisse und Erfahrungen wie Freundschaft, Liebe und Kämpfe zur Klarheit des Bewusstseins und zur Überwindung eines jugendlichen Subjektivismus führt
- Ziel: Harmonie von Gottt, Welt und Ich (Synthese)

(vgl. G./I. Schweikle (Hg.): Metzler Literaturlexikon 1990, S. 55)

Roman: „Der Steppenwolf“

Pro-Argumente

- Ziel: harmon. Übereinstimmung von Ich, Gott und Welt (siehe Def.)
- „Geschichte einer Heilung“ (Zitat v. Hesse)
- Darstellung einer zentralen Figur; alle Nebenfiguren sind auf H. Haller ausgerichtet
- Versuche des Individuums, sich zu integrieren
- Parallelen zu Goethes Bildungsroman „Wilhelm Meister“

Kontra-Argumente

- kein konkretes Ziel für H. Haller
- offenes, mehrdeutiges Romanende (Held steht am Ende da, wo er zu Beginn stand)
- Haller zeigt theoretisch Einsicht, aber keine praktischen Verhaltensänderungen; er tötet Hermine
- Haller entwickelt sich von der Gesellschaft weg, statt (wie im klassischen Bildungsroman) zu ihr hin

Übersicht II: Der Grundkonflikt des Steppenwolfs

Problem: Dualismus von Künstlertum und Bürgertum

Künstlertum (Harry Haller)
- Einsamkeit und Isolation
- Gesellschaftskritik
- Unordnung und Regellosigkeit
- Anarchie und Chaos
- Genie und Wahnsinn
- unsteter Lebenswandel, Kunst
- Reflexion und Denken
- Freiheit
- unruhiges Reisen, Heimatlosigkeit

Bürgertum
- Geselligkeit und Integration
- Einverständnis mit der Gesellschaft
- Ordnung und Regeln
- Gesetz
- Normalität, Durchschnitt und Gesundheit
- Arbeit und Fleiß, Verantwortung
- Handel, Tätigkeiten, Konsum
- Bequemlichkeit
- Sesshaftigkeit, ein Haus bauen

↓

FOLGE:
Identitätskrise u.
innere Zerrissenheit
des Helden

↓

Lösungsvorschlag Hermines:
- das Tanzen und das Spielen
- Genuss der Einfachheit des Lebens
- Freude und Spannung
- Leben im Augenblick
- das Lachen lernen, Humor

Übersicht III: Formaler Aufbau des Romans

1. Vorwort des Herausgebers
- Bericht (von außen)
- Erzählform: beobachtender Er-Erzähler
- Erzählverhalten: personal
- Erzählperspektive: häufig Innensicht als weitere Perspektive zu der des Helden

2. Aufzeichnungen (Teil I)
- subjektive Schilderung aus Sicht des Helden
- Erzählform: Ich-Erzähler
- Erzählverhalten: personal
- Erzählperspektive: radikale Innensicht
- Inhalt: starke Negation des Lebens/ Suizidgefahr

Darstellung der Verzweiflung und inneren Zerrissenheit des Helden Harry Haller durch

3. Traktat
- objektiv-wissenschaftliche, theoretische Abhandlung
- Erzählform: Er-Erzählung (analytisch kommentierend und verallgemeinernd)
- Erzählverhalten: häufig auktorial
- Erzählperspektive: Innen- und Außensicht

4. Aufzeichnungen (Teil II)
- subjektive Schilderung aus Sicht des Helden
- Erzählform: Ich-Erzähler
- Erzählverhalten: personal
- Erzählperspektive: radikale Innensicht
- Inhalt: zu lernen, das Leben zu akzeptieren

Funktion:
- Objektivierung/Verallgemeinerung des Erzählten
- gegenseitige Spiegelungen bekräftigen Wahrheitsgehalt

Übersicht IV: Das Magische Theater als Höhepunkt und Lösungsangebot des Romans

Zentrale Episoden des Magischen Theaters

„Auf zum fröhlichen Jagen“
- Kultur- und Zivilisationskritik
- Nihilismus: Umwertung aller Werte und Normen
- Gewaltorgie als „lustige“ Mordfantasie, notwendig in einer dumpfen und dummen Welt

„Alle Mädchen sind dein“
- früher: unglücklich verlaufene Liebschaften aufgrund fehlender Entschlusskraft Harrys
- jetzt: erneute Chance, die Fehler von früher wiedergutzumachen → Mittel: Mut zur Erotik und Integration der Sexualität

„Anleitung zum Aufbau der Persönlichkeit“
- Schachmetapher: Erkenntnis über die Vielfalt der möglichen „Spielzüge“ im Leben
- Spiegelmetapher: Notwendigkeit, in den Spiegel zu schauen, sich selbst zu erkennen und zu kritisieren
- Umdeutung der Schizophrenie: Nicht „die Einheit des Ichs“, sondern „die Vielfalt der Seelen“ ist erstrebenswert. Jedes Leben drückt sich in unterschiedlichen Existenzformen aus, benötigt diverse Ausdrucksformen.

„Wunder der Steppenwolfdressur“
- Inhalt: Entfremdung des Menschen von sich selbst; Prozess der Zivilisation ist in Wahrheit ein Prozess der Denaturierung und Degeneration
- Beispiel: Wolf auf Schaubühne verschmäht das ihm angebotene Kaninchen zugunsten einer Tafel Schokolade, während der Mensch zum Tier mutiert und zeigt, dass er humanes Verhalten verlernt hat.

Ziele
- Bewusstwerdung bisher unterdrückter Persönlichkeitsinhalte
- Zerfall der bisherigen stabilen Ich-Identität durch den „Weg nach Innen“
- Aufdeckung bisher geleugneter Potenziale der eigenen Persönlichkeit
- „unendliche Mannigfaltigkeit des Lebensspiels“ (S. 247) und Ich-Dissoziation

Übersicht V: Sprachliche Besonderheiten im Roman „Der Steppenwolf"

Sprachliche Besonderheiten

Metaphern
- „[…], dieser Becher war ausgetrunken und wurde mir nicht mehr gefüllt." (S. 37)
- „[…] Brunnen dieser Liebesnacht […]." (S. 181)

Antithetik
- „[…] für Augenblicke stand das Herz mir still vor Entzücken und vor Trauer […]." (S. 181)

Vergleiche
- „Es schaute Kindheit und Mutter […] wie ein fernes […] Stück Gebirge herüber […]." (S. 181)

Dopplung/Wiederholung/Reihung
- „Mein Leben […] war reich, stolz und reich gewesen […]." (S. 37 f.)
- *„eine feine, edle Empfindung"* (S. 55)
- „Diese Bilder […] stiegen jung und neu aus dem Brunnen dieser Liebesnacht […]." (S. 181)

rhetorische Fragen
- „War es schade darum? Es war nicht schade darum." (S. 37)

Worthäufungen
- „Mein Urteil über diesen frohen, klugen, kindlichen und dabei unergründlichen Menschen änderte sich beständig […]." (S. 186)

Modernität des Themas (Identitätskrise Hallers in der Massengesellschaft)
versus
Wahl traditioneller Erzählmittel (linear-chronolog. Erzählen, Verzicht auf erlebte Rede o. Ä.)

Übersicht VI: Vergleichsmöglichkeiten mit anderen literarischen Werken

Hesses „Der Steppenwolf“

Figurenvergleiche, z. B.

- Harry Haller als intellektueller Außenseiter mit Goethes Faust („Zwei Seelen schlagen, ach, in meiner Brust“) oder
- mit Emil Sinclair in Hesses Werk „Demian“

Motivvergleiche, z. B.

- das Motiv der Rastlosigkeit und des Reisezwangs als Folge innerer Unruhe Hallers mit dem romantischen Motiv des Reisens, z. B. in Eichendorffs „Taugenichts“,
- das Motiv der kulturellen Dekadenz und Zivilisationskritik mit Motiven der expressionistischen Lyrik oder
- das Motiv des Selbstmordes als Weltflucht bei Hesse und bei Goethes „Werther“

Vergleich des Romankonzeptes

- Vergleich des vierteiligen Gesamtaufbaus des Romans mit dem klassischen Romanaufbau, z. B. im poetischen Realismus (Romananfang bei Fontanes „Effi Briest“), oder
- Vergleich des Vorwortes des Herausgebers bei Hesse mit dem Auftakt bei Goethes „Werther“, der den ähnlichen „Trick“ der Leserlenkung nutzt

Internetadressen

Unter diesen Internetadressen kann man sich zusätzlich informieren:

www.hermann-hesse.com
(Informationen zur Biografie Hermann Hesses)

http://de.wikipedia.org/wiki/Hermann_Hesse
(Informationen zu Leben, Werk und Wirkung Hesses)

www.hermann-hesse.de
(Portal mit aktuellen Informationen zu Aufführungen und Veranstaltungen der Werke Hesses)

www.hessegesellschaft.de
(Homepage der Internationalen Hermann Hesse Gesellschaft e.V.)

www.calw.de/servlet/PB/menu/1153321/index.html
(Informationen der Stadt Calw zu ihrem wichtigsten Sohn Hermann Hesse)

http://de.wikipedia.org/wiki/Der_Steppenwolf
(Informationen zu Inhalt, Aufbau, Figurenkonstellation und Thematik des Romans)

www.dhm.de/lemo/html/weimar/kunst/steppenwolf/index.html
(anspruchsvolle Interpretation des Romans durch Kindlers Neues Literaturlexikon)

www.dieterwunderlich.de/Hesse_steppenwolf.htm
(Kurzinformationen zum Roman sowie knapper Kommentar)

www.nthuleen.com/papers/154paper.html
(Aufsatz zur Entwicklung Harry Hallers)

[Stand: 07.05.2010]

Literatur

Textausgabe:

Hermann Hesse: Der Steppenwolf. Suhrkamp: Frankfurt am Main (suhrkamp taschenbuch 175)

Der Steppenwolf. Erläuterungen und Dokumente. Reclam: Stuttgart 1992

Esselborn-Krumbiegel, Helga: Hermann Hesse. Der Steppenwolf. Oldenbourg Verlagsgruppe: München [3]1998 (Oldenbourg Interpretationen Bd. 17)

Field, George Wallis: Hermann Hesse. Kommentar zu sämtlichen Werken. Stuttgart 1977, S. 99–109 (= Stuttgarter Arbeiten zur Germanistik, Nr. 24)

Michels, Volker (Hg.): Materialien zu Hermann Hesses ‚Der Steppenwolf'. Suhrkamp: Frankfurt am Main 1972

Oberst, Helmut: Hesse kennen lernen. AOL-Verlag: Lichtenau 2004

Patzer, Georg: Der Steppenwolf. Lektüreschlüssel. Reclam: Stuttgart 2007

Schwarz, Egon: Hermann Hesse. Der Steppenwolf. In: Interpretationen. Romane des 20. Jahrhunderts. Bd. 1. Reclam: Stuttgart 1993, S. 128–157 (= Reclam 8808)

Walther, Klaus: Hermann Hesse. dtv-porträt: München 2002